JN312455

図解ビジュアル

経営の「見える化」

Visibility Management System

本道純一 NIコンサルティング専務取締役
●Hondo Junichi

実務教育出版

はじめに

　おいしい料理をつくるには、「良い食材」と「考え抜かれたレシピ」と「効率的に料理をつくる調理器具」が必要です。

　「良い食材」とは、新鮮な旬の食材。「考え抜かれたレシピ」とは、料理研究家が試行錯誤を重ねた、食材の分量、調理方法・手順、盛り付けなどの料理作成マニュアル。そして「効率的な調理器具」とは、電子レンジや圧力なべ、ミキサーなど、いつでも安定した味の料理を、効率的につくる道具のことです。

　これら素材、手順、道具の3つの要素が揃って、はじめておいしい料理ができ上がります。この3つの要素は、経営の成果を生みだす戦略をつくる際にも共通して必要なものです。

　経営における「良い食材」とは、新鮮な現場の情報やアイデア。「考え抜かれたレシピ」とは、経営をマネジメントするためのしくみや手順、問題解決のための技法などです。そして、「効率的に料理をつくる調理器具」とは、さしずめパソコンや携帯電話、スマートフォンなどのITツールとクラウド環境で作動するITシステムということになります。

　めざす経営の成果を生みだすためには、これまで身につけてきた経験値や知恵を生かしつつ、刻々変化する現場情報、すなわち市場の旬な情報（食材）をすばやく仕入れて、経営を論理的に進めるための思考のフレームワーク（調理方法）に従って、調理道具であるITシステムを効率よく活用していかなければなりません。

　そしていま求められていることは、厳しい市場環境のなかで勝ち残るために、全社員で料理をつくることなのです。それも、どこかの料理研究家が作成したレシピをマネしながらつくるのではなく、この世にない新しい料理、創作料理にチャレンジすることなのです。全社員が、当事者意識をもって、成果を生みだす戦略をつくりださなければならないのです。

　本書は、経営の「見える化」の概要を、短時間でサッと理解していただくための入門書です。見開き2ページ構成で重要なポイントをまとめ、右ページはすべて図版を入れて、解説内容を「見える化」しました。

　経営改革を推進するためには、次の4つの要素を検討することが不可欠です。

　経営改革＝Why（改革の理由）×What（改革の対象）×How（改革の方法）×Process（改革の手順）

本書は、この4つの要素を、7つのPARTに分けて説明しています。各PARTの目的をご理解いただき読み進めてください。

① なぜ、経営改革をする必要があるのか（Why）
　PART1では、いまなぜ経営改革をする必要があるのかを説明します。
② あるべき姿は何で、それに向けて現状の何を改革するのか（What）
　PART2では、経営の「見える化」でどういうメリットが享受できるかを説明しています。そしてPART3では、具体的に何を「見える化」するのかを説明します。
③ 経営改革を実現するために、どのようにすればいいのか（How）
　PART4では、経営の「見える化」の実施の可否を含めた検討を行う「企画フェーズ」、PART5では、経営の「見える化」で具体的に戦略を検討する「構築フェーズ」、PART6では、経営の「見える化」の現場への「展開・運用フェーズ」について、取り組むべき内容や成功のためのポイントを説明します。
④ 経営改革を実現するために、具体的にどのような手順で検討するのか（Process）
　PART7では、PART5の構築フェーズで説明した戦略を、実際に「図表」にして具体化する手順を学んでいただきます。

　この、経営の「見える化」の取り組みを実践することで、経営改革の一助になれば幸いです。

　　2011年3月

　　　　　　　　　　　　　　　　　　　　　　　　　　　本道　純一

目次

図解ビジュアル　経営の「見える化」

はじめに --- i

PART 1　経営の「見える化」って、どういうこと?

1　"結果オーライ"の経営では立ちいかない時代に ----------------------- 2
2　ITシステムの力を借りて経営の「見える化」を実現する ---------------- 4
3　お手本がないことに取り組むときに欠かせない経営のしくみとは -------- 6
4　経営の「見える化」とは、戦略の実施状況を「見える化」すること ------ 8
5　試行錯誤しながら成功の方程式を見つけ出す定石のPDCAサイクル ------ 10
6　経営の「見える化」には、ITシステムが不可欠 ---------------------- 12
7　なぜ経営の「見える化」が、経営改革の取り組みになるのか ---------- 14
8　製造現場で成果をあげてきた「見える化」のしくみを経営へ ---------- 16
9　困難なことに立ち向かうために、なぜ「見える化」が有効なのか ------ 18
10　経営の「見える化」はどのようなプロセスで実現していくのか -------- 20
11　7つの可視化で経営を「見える化」する ---------------------------- 22
12　会社内の情報だけでなく、顧客も可視化する ---------------------- 24
13　これからは社員の頭の中の可視化も求められる -------------------- 26
14　経営の「見える化」は自律協調型の組織運営で行う ---------------- 28
15　社員の行動に変革を起こすには、評価の可視化が欠かせない -------- 30
16　部門間の可視化を実現するインフラとしてのIT日報システム -------- 32

PART 2　「見える化」でもたらされる経営のメリット

1　ビジョンや戦略の策定に参加し、全社員が主体的に経営にかかわる -------- 36
2　ビジョンや戦略が身近なものとなり、社員のモチベーションが向上する ------ 38
3　長期・中期・短期の戦略に一貫性が生まれる ------------------------ 40
4　業績向上と人材育成を両立させる「先考管理」のマネジメント ---------- 42
5　経営の視点を持って、自律的・自発的に仕事に取り組む人材が育成される ----- 44
6　経営者・マネジャー・現場担当者の意思決定スピードの向上 ------------ 46
7　多様化、高度化する顧客ニーズへの組織対応力が強化される ---------- 48
8　顧客情報やマーケット情報が蓄積され、「顧客のダム」ができる ---------- 50
9　想定外のクレームやトラブルを「見える化」することができる ---------- 52
10　業務の進め方や仕事のノウハウなどのナレッジを蓄積できる ---------- 54
11　社員の思考力を日々訓練していくことができる ---------------------- 56
12　社員に対する公平公正な評価が可能になる ------------------------ 58
13　自社のビジョンに共感した人材を採用することができる -------------- 60
14　コンプライアンス、内部統制が徹底でき、不祥事を防げる ------------ 62

PART 3　ビジョンや戦略、マネジメントを「見える化」する

1. プロジェクトチームを立ち上げて、まず経営理念と使命の確認を ---------- 66
2. 全社員一丸となって前進できる会社の将来ビジョンを考える ---------------- 68
3. 20年後の会社の将来ビジョンを「見える化」する ----------------------------- 70
4. 社員個人のこれからの人生を「見える化」する① ----------------------------- 72
5. 社員個人のこれからの人生を「見える化」する② ----------------------------- 74
6. 会社の活動領域である事業ドメインを「見える化」する ---------------------- 76
7. どの領域でダントツ一番をめざすか、競争戦略の狙いを定める ------------- 78
8. 20年後の将来ビジョンをマップ化し、全社員にイメージを浸透させる --- 80
9. 戦略マップを作成して中期経営計画を「見える化」する ---------------------- 82
10. 戦術マップを作成して年度方針を「見える化」する --------------------------- 84
11. 年度方針をどう実行していくかを「見える化」するスコアカードの作成 ----- 86
12. アクションプランを作成して、年度方針を現場活動に落とし込む ---------- 88

PART 4　経営の「見える化」を企画する

1. 可視化経営を推進するための3つのフェーズとスケジュール ---------------- 92
2. 経営改革が成功するかどうかは、企画フェーズの活動にかかっている ----- 94
3. 企画フェーズにおける可視化推進チームの体制とメンバーの役割 --------- 96
4. 「小さく始めて大きく育てる」の方針で、できるところから取りかかる --- 98
5. 現状の姿を「見える化」した簡易版戦術マップを作成してみよう -------- 100
6. スコアカードとITシステムとの連携で経営の「見える化」をモニタリング ---- 102
7. 効率よく作業するために外部コンサルタントを活用 ------------------------- 104

PART 5　経営の「見える化」のしくみをつくる

1. 可視化経営の構築フェーズは現場を巻き込んで -------------------------------- 108
2. 構築フェーズの作業体制と可視化推進チームの役割 -------------------------- 110
3. ある部門でパイロット的に取り組みをスタートさせる ----------------------- 112
4. 構築フェーズの作業を進めるためのワークシートとグループ作業の手法 ---- 114
5. グループでよいアイデアを出すときに有効なカードBS法 -------------------- 116
6. 抽出したアイデアを分類してまとめるグルーピング手法 -------------------- 118
7. 重要度×緊急度マトリックスで優先順位を決める ------------------------------ 120
8. プロセスマップを作成して正しい仕事の流れを整理する --------------------- 122
9. 「なぜ？」と「どのようにして？」のくり返しで、問題の解決を図る --- 124

10 可視化推進チームによる全社目線の総仕上げ---------------------------------- 126

PART 6　経営の「見える化」の展開・運用

　1 展開・運用フェーズに至るまでに、多くの人に当事者意識を植え付ける---- 130
　2 経営トップが自らの言葉で可視化経営のキックオフ宣言を------------------ 132
　3 可視化経営モニタリングツールによるコクピット経営の実現 ------------- 134
　4 現状把握だけの営業会議を対策会議に変える---------------------------------- 136
　5 組織の上から下へタテ展開して戦術マップやスコアカードを作成 -------- 138
　6 パイロット部門で定着したら、可視化経営のしくみをヨコ展開 ---------- 140
　7 可視化経営の評価制度と従来の目標管理制度との調整 ----------------------- 142
　8 問題を構造化して解決していく論理的な思考が求められる------------------ 144
　9 既成概念の枠を取り払い、ゼロベース思考で取り組む ----------------------- 146
　10 可視化経営の構築、展開・運用フェーズを成功に導くための10カ条---- 148

PART 7　経営の「見える化」の作業にトライしよう

　1 自分の会社の年度方針を「見える化」してみよう ----------------------------- 152
　2 戦略を検討する前に前提条件を決めておく------------------------------------- 154
　3 財務の視点の戦略目標とゴール指標である目標値の設定------------------- 156
　4 顧客の視点の戦略目標であるニーズを洗い出し、背景を考える ---------- 158
　5 顧客の視点の戦略目標に優先順位をつける------------------------------------- 160
　6 業務プロセスの視点の戦略目標＝理想的な業務フローを設定する -------- 162
　7 業務フローのボトルネックが、人材と変革の視点の戦略目標になる ----- 164
　8 業務プロセスの視点のゴール指標を設定する---------------------------------- 166
　9 業務プロセスの視点のゴール指標を達成するために日課指標を設定する---- 168
　10 人材と変革の視点のゴール指標を設定する------------------------------------- 170
　11 人材と変革の視点のゴール指標を達成するために日課指標を設定する--- 172
　12 顧客の視点のゴール指標と日課指標を設定する ------------------------------- 174
　13 戦術マップとスコアカードで戦略の成功イメージを「見える化」する-- 176

経営の「見える化」の作業用ワークシート ------------------------------------- 179

おわりに--- 188

参考文献--- 190

可視化経営体系

企画フェーズ

構築フェーズ
PART5　経営の「見える化」のしくみをつくる

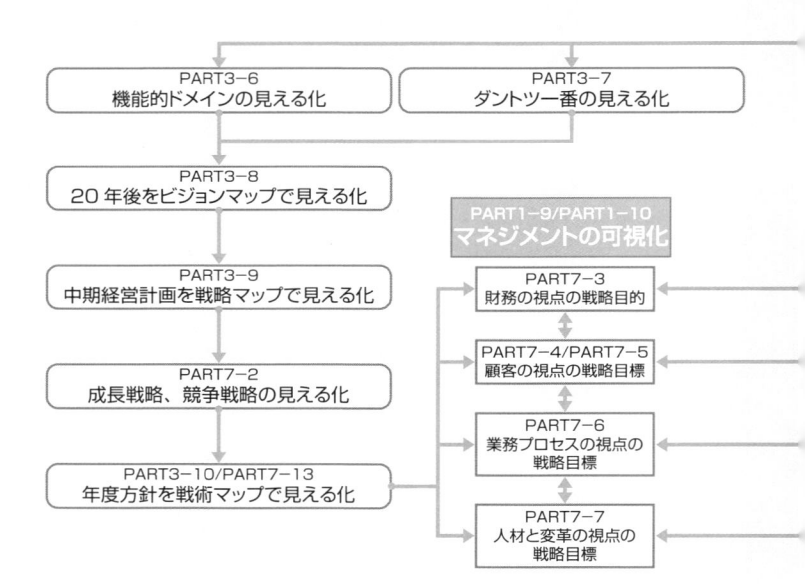

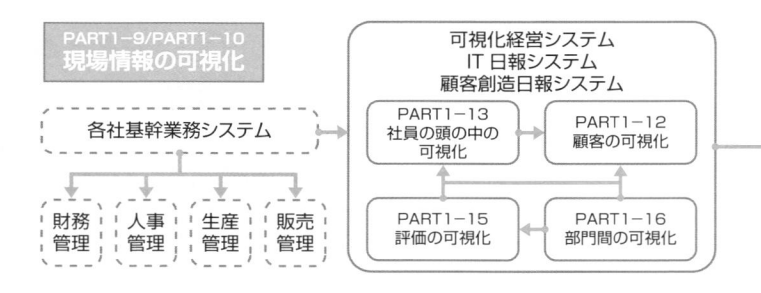

PART1-9/PART1-10　戦略の可視化

PART4　経営の「見える化」を企画する

- PART3-6　機能的ドメインの見える化
- PART3-7　ダントツ一番の見える化
- PART3-8　20年後をビジョンマップで見える化
- PART3-9　中期経営計画を戦略マップで見える化
- PART7-2　成長戦略、競争戦略の見える化
- PART3-10/PART7-13　年度方針を戦術マップで見える化

PART1-9/PART1-10　マネジメントの可視化

- PART7-3　財務の視点の戦略目的
- PART7-4/PART7-5　顧客の視点の戦略目標
- PART7-6　業務プロセスの視点の戦略目標
- PART7-7　人材と変革の視点の戦略目標

PART1-9/PART1-10　現場情報の可視化

各社基幹業務システム
- 財務管理
- 人事管理
- 生産管理
- 販売管理

可視化経営システム
IT日報システム
顧客創造日報システム
- PART1-13　社員の頭の中の可視化
- PART1-12　顧客の可視化
- PART1-15　評価の可視化
- PART1-16　部門間の可視化

PART7　経営の「見える化」の作業にトライしよう

展開・運用フェーズ

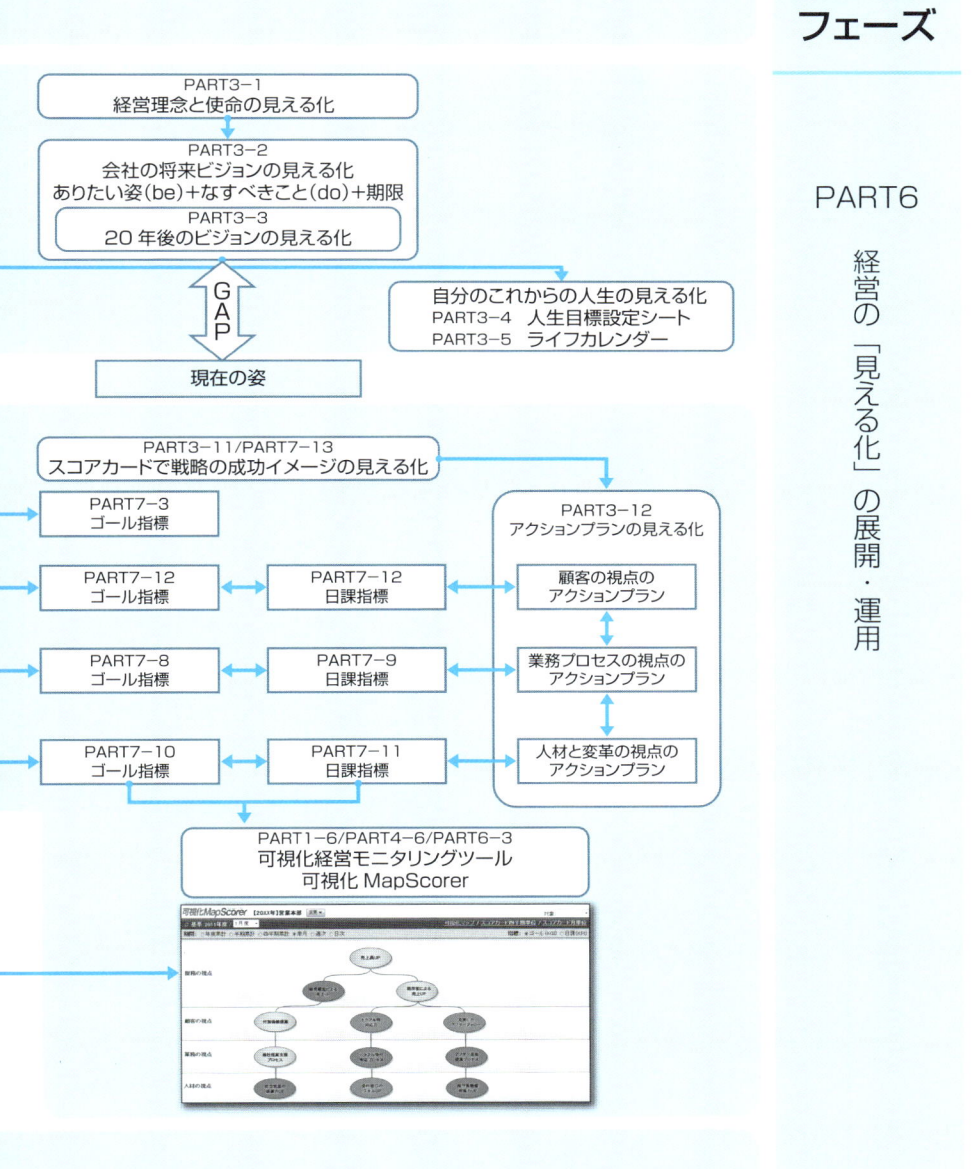

PART6 経営の「見える化」の展開・運用

PART3-1 経営理念と使命の見える化

PART3-2 会社の将来ビジョンの見える化
ありたい姿(be)＋なすべきこと(do)＋期限

PART3-3 20年後のビジョンの見える化

⇕ GAP

現在の姿

自分のこれからの人生の見える化
PART3-4 人生目標設定シート
PART3-5 ライフカレンダー

PART3-11／PART7-13 スコアカードで戦略の成功イメージの見える化

- **PART7-3** ゴール指標
- **PART7-12** ゴール指標 ⇔ **PART7-12** 日課指標
- **PART7-8** ゴール指標 ⇔ **PART7-9** 日課指標
- **PART7-10** ゴール指標 ⇔ **PART7-11** 日課指標

PART3-12 アクションプランの見える化
- 顧客の視点のアクションプラン
- 業務プロセスの視点のアクションプラン
- 人材と変革の視点のアクションプラン

PART1-6／PART4-6／PART6-3
可視化経営モニタリングツール
可視化 MapScorer

PART 1

経営の「見える化」って、どういうこと?

1-1 "結果オーライ"の経営では立ちいかない時代に

同じ取り組みを続けても成果が得られない

これまで多くの業界では、新たな戦略に取り組んだり自らが先頭に立って変化を求めたりしなくても、右肩上がりの市場に支えられて、それなりの成果を得てきました。

少々問題が発生しても、経営者はこれまでに培った経験則で、おおよそのことは対応できましたし、現場担当者も、上司からの指示や命令にさえ従っていれば、結果を残すことができたのです。

KKD（勘と経験と度胸、根性・根性・ど根性）でがんばれば売れたよき時代は、このように、"結果オーライ"の経営で何とかやってこられたのです。

しかし市場環境が変化した5年くらい前から、状況が一変しました。これまでの取り組みを、これまでどおりに続けていても期待する成果が得られなくなったのです。せいぜい現状維持がやっとなのです。

さすがにこれからは、"結果オーライ"の経営では立ちいかなくなると多くの人が感じています。しかし、具体的に何をどうしていけばよいのか。依然として、経営の処方箋は見えないままです。

問題の所在を的確に把握する

右ページのように経営の成果は、内部要因と外部環境からもたらされます。外部環境をどれだけ嘆いてみても、外部環境のせいにしても、経営の成果が得られるわけではありません。厳しい外部環境、変化の激しい外部環境にあっても、自社で手の打てる内部要因を抜本的に見直して経営の成果を得ていかなければなりません。また、外部環境の変化に柔軟に対応できるような会社のしくみづくり（内部要因）もしていかなければなりません。

内部要因とは、「適切な戦略の立案」と「現場での着実な戦略の実行」のことです。経営の成果が得られないのは、戦略そのものに問題があるのか、マネジャーのマネジメント力や現場担当者の戦略実行力に問題があるのか、これらが複合したものなのか、ほかに何かあるのか、問題の所在を「見える化」しなければ手の打ちようがありません。

この内部要因の抜本的な見直しこそが経営改革です。経営改革を実現するための具体的なしくみと、経営改革を効率よく運用するためのITシステムを提供するのが、経営の「見える化」なのです。

結果管理では、手の打ちようがない

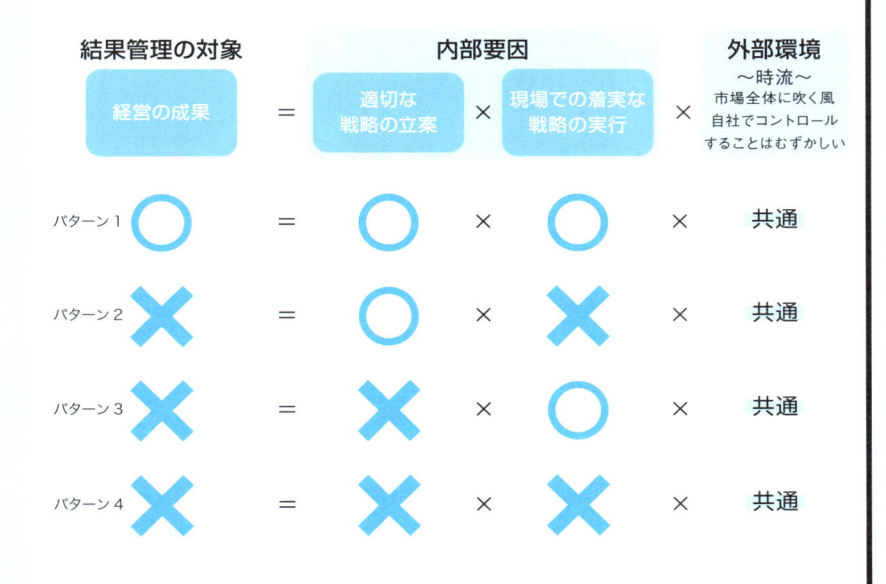

結果管理の対象		内部要因		外部環境
経営の成果	=	適切な戦略の立案 × 現場での着実な戦略の実行	×	～時流～ 市場全体に吹く風 自社でコントロールすることはむずかしい
パターン1 ○	=	○ × ○	×	共通
パターン2 ×	=	○ × ×	×	共通
パターン3 ×	=	× × ○	×	共通
パターン4 ×	=	× × ×	×	共通

結果しか見えなければ手の打ちようがないはず…

結果管理では、内部要因のこの部分がブラック・ボックス化している。

- 経営の成果は、戦略そのものと、戦略の実行力という内部要因と外部環境の掛け算で表すことができる。
- 外部環境（顧客や市場ニーズ）は、自社単独でコントロールすることはむずかしい。
- これからは、ブラック・ボックス化した内部要因の「見える化」が必要。
- 適切な戦略を作成し、その戦略を現場で着実に実行した、上図パターン1のときだけ経営の成果が表れる。

PART I 経営の「見える化」って、どういうこと？

1-2 ITシステムの力を借りて経営の「見える化」を実現する

情報収集にダントツの力を発揮する視覚

　人間は先が見えなかったり、自分がいる位置がわからなかったり、進む方向が正しいのか間違っているのかわからないと、とても不安になるものです。

　経営の「見える化」のめざすところを端的にいえば、目の前の視界が開け、自分の位置がわかり、どこへ進むべきかが見えている状態にすることです。いい換えれば、不確実な仮説が確信に変わるということです。

　人間には、視覚、聴覚、臭覚、触覚、味覚の五感が備わっています。そのなかで、情報収集に貢献している割合は、視覚が6割とも7割ともいわれダントツです。私たちは視覚のおかげで、一瞬にして多くの情報をつかむことができます。

　言葉であれこれいわれてもよくわからないことを、図を見せられてパッと瞬時に理解できた経験は、誰にでもあるはずです。経営の「見える化」は、文字どおり人間の五感のなかで最も情報収集力のある視覚に訴える取り組みなのです。

ITシステムを活用したコクピット経営へ

　市場環境の変化が穏やかで、がんばれば売れた時代は、飛行中に受注、売上、コストなどの財務上の結果指標を確認する程度で、何か問題が発生したら、現場の状況を肉眼で確認しながら手を打つ有視界経営でした。

　しかし、今日多くの企業は、先の見えない、手本のない、先導役のいない世界へと突入しています。勘に頼ったあてずっぽう経営、感覚的な思いつき経営、過去の経験に照らした成り行き経営では、とても立ちいかなくなっているのです。

　しっかりと先を見通し、進むべき道を見据えるには、現在の自社の経営状態を正しく把握することが前提になります。

　こうしたしくみをもった経営を「コクピット経営」と呼ぶ人がいます。飛行機の操縦席（コクピット）には、たくさんのメーターが並び、パイロットはそこから多くのデータを読み取って飛行状況を把握し、的確な意思決定をします。まさに「見える化」の究極の姿がここにあります。

　このように、随時変化する情報をすばやく収集し、「見える化」するには、ITシステムの力を借りなければなりません。逆にいえば、ITシステムのおかげで経営の「見える化」が実現するといってもよいでしょう。

有視界経営からコクピット経営へ

有視界経営
受注、売上、コストなどの結果指標による管理で、これまでの経験や勘が何とか通用した時代の経営スタイル。

コクピット経営
前が見えないくらい先行き不透明なため、進むべき道を、戦略として設定し、メーターで現状を把握しながら経営を行うスタイル。

時速200㎞のセスナ機から時速800㎞のジェット機へと、経営のスピードも速くなった。

1-3 お手本がないことに取り組むときに欠かせない経営のしくみとは

他社と横並びでは共倒れしてしまうマーケット縮小時代

　日本の人口は、2006年の1億2,779万人をピークに減少して5年が過ぎました。国立社会保障・人口問題研究所の予測によると、2050年には9,515万人と1億人を割り込み、65歳以上の人口構成比は現在の23％から40％に上昇します。

　購買意欲の旺盛な労働人口を中心としてマーケットが拡大していた時代は、他社との競争に負けずにシェアを維持していれば、マーケットの拡大のペースに合わせて自社も成長していくことができました。競争に負けたとしても、うまくいっている同業他社の後追いをしながら何とか生き残ることができたのです。

　しかしマーケット縮小時代は、他社との横並びは共倒れを意味し、市場に生き残ることはむずかしくなります。単に生き残るだけでなく、勝ち残る（市場で一番手か二番手）ために、他社との違いを明確にしてそのシェアを奪うことです。

　マーケット拡大が見込める海外に活路を見いだすにしても、他社との差別化ができないのであれば、ほんの一時しのぎとなってしまうことは間違いありません。

戦略を実行した後の検証がすばやくできるしくみを

　日本は、先進国のなかで国内マーケットの縮小を経験するトップバッターです。これまでのお家芸だった"マネっ子横並び戦略"は、もはや通用しません。他社との違いを明確に打ち出した独自性による差別化戦略が勝ち残るために必要となります。

　お手本のないことにチャレンジする場合、こうすれば必ずこうなるといった前例や正解はありません。市場環境が大きく変わったのですから、これまでの成功体験や常識も通用しないと考えなければなりません。会社経営に限らず、お手本がないことに取り組んで成功するための手順は次のとおりです。

　① 現在置かれている状況をしっかり把握する。⇒ ② 仮説でよいからやるべきことを決め、すばやく手を打つ。⇒ ③ 手を打ったら、その変化や結果をしっかり確認し、学びながら、すばやく次の手を打つ。

　マーケット縮小時代に会社が勝ち残っていくためには、日々こうしたことをくり返し、自らで道を切り拓いていかなければなりません。

　経営の「見える化」とは、単に生き残るのではなく、勝ち残るための取り組み方を具体的に提供するものです。

いままでのやり方が通用しなくなるマーケット縮小期

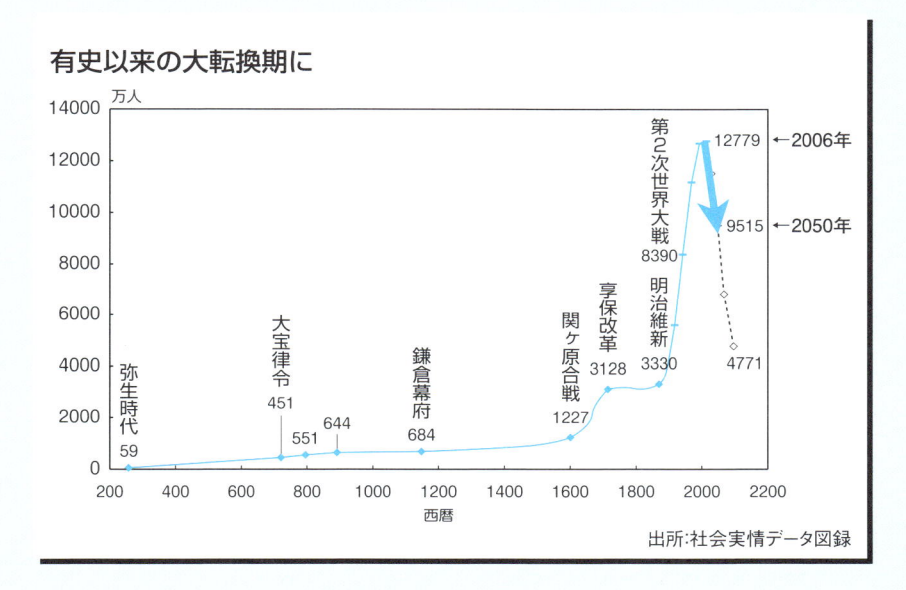

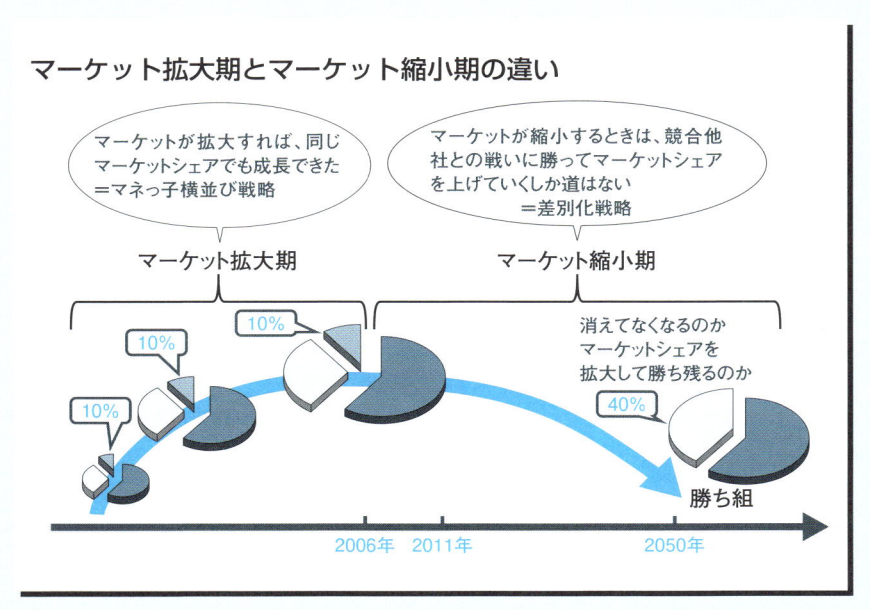

有史以来の大転換期に

万人

- 弥生時代 59
- 大宝律令 451
- 551
- 644
- 鎌倉幕府 684
- 1227
- 享保改革 3128
- 関ヶ原合戦
- 明治維新 3330
- 第2次世界大戦 8390
- 12779 ←2006年
- 9515 ←2050年
- 4771

西暦

出所：社会実情データ図録

マーケット拡大期とマーケット縮小期の違い

マーケットが拡大すれば、同じマーケットシェアでも成長できた
＝マネっ子横並び戦略

マーケットが縮小するときは、競合他社との戦いに勝ってマーケットシェアを上げていくしか道はない
＝差別化戦略

マーケット拡大期 / マーケット縮小期

消えてなくなるのか
マーケットシェアを拡大して勝ち残るのか

10% / 10% / 10% / 40%

勝ち組

2006年　2011年　　　　2050年

1-4 経営の「見える化」とは、戦略の実施状況を「見える化」すること

戦略は、やってみなければわからない仮説である

　これまで培ってきた経験や成功の方程式が通用しない、ましてや業界の常識すら通用しないほど厳しい時代に、「これなら間違いなし!!」というストーリーは、そう簡単に描けるものではありません。

　このような状況のなかで、会社が勝ち残るためのストーリーである戦略は、"やってみなければわからない"という仮説になります。そして、その仮説を現場で実施してみて、成果に結びつくかどうかを検証しながら、成功のストーリーを組み立てていくしかないのです。

　厳しい市場環境のなかで、経営者が単に現場の状況の一部分を「見える化」しても意味がありません。会社が勝ち残るためのストーリーである戦略が、ちゃんと現場で実施されて成果に結びついたかどうかを確認したいのです。そのために、現場の状況をタイムリーに把握することが必要なのです。

仮説ー実施ー検証ーをくり返す経営の実現へ

　こうした仮説ー実施ー検証は、経営者が考えた戦略の具体策をマネジャーに指示して、マネジャーは、現場担当者にその具体策を命令して、その実施状況を管理するような指示命令型の経営スタイルではうまく機能しません。

　経営者は、戦略の仮説ー実施ー検証から、仮説である戦略の抜本的な見直し（改革）を、現場のマネジャーや担当者は、戦略の仮説ー実施ー検証から、仮説の修正（改善）をそれぞれ行うのです。そのために、経営者やマネジャーのみならず、現場担当者も、現場での戦略の実施状況の「見える化」が必要となるのです。

　ですから、経営の「見える化」とは、①戦略を描き、②進むべき道筋を決め、③現場での戦略の実施状況を「見える化」することで、経営者から現場担当者までがセルフマネジメントできるようにする自律協調型の組織運営手法（PART-14参照）であり、仮説ー実施ー検証を高速回転させるスピード経営を実現するものと定義することができます。

戦略の実施状況を「見える化」する

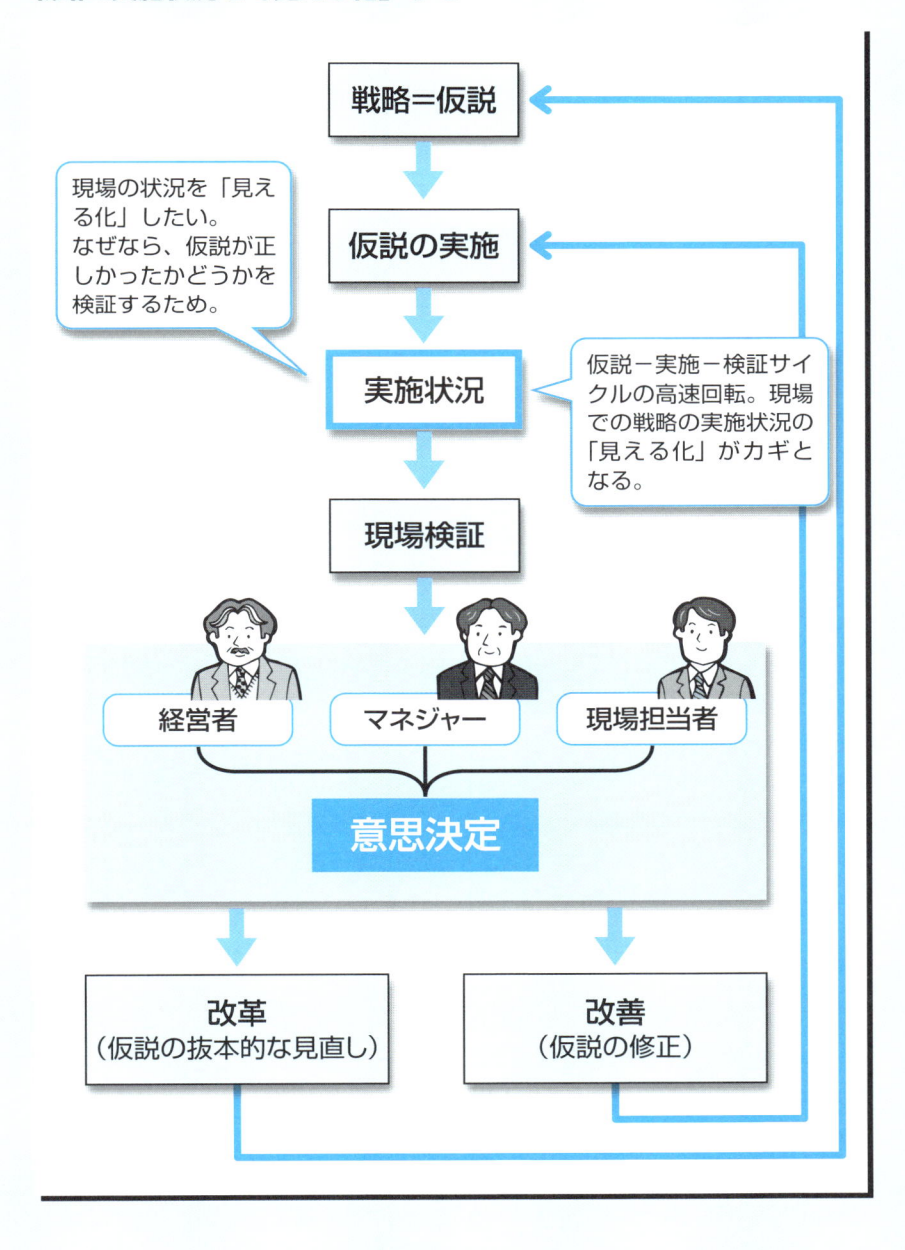

```
戦略＝仮説
    ↓
仮説の実施
    ↓
実施状況
    ↓
現場検証
    ↓
経営者　マネジャー　現場担当者
    ↓
意思決定
    ↓
改革（仮説の抜本的な見直し）　改善（仮説の修正）
```

現場の状況を「見える化」したい。なぜなら、仮説が正しかったかどうかを検証するため。

仮説－実施－検証サイクルの高速回転。現場での戦略の実施状況の「見える化」がカギとなる。

1-5 試行錯誤しながら成功の方程式を見つけ出す定石のPDCAサイクル

仮説の検証には、スピードが求められる

　戦略はあくまでも"仮説"にすぎません。本当にその戦略が有効なのかどうかは、実行してみなければわからないことが多いのです。

　全社一丸となってがんばって取り組んでも、仮説である戦略が間違っていて一向に成果が得られないこともあります。そのまま突っ走ってしまえば取り返しのつかないことになってしまうかもしれません。だから、手遅れにならない早い段階で戦略を見直すかどうかを意思決定しなければなりません。

ゴール指標と日課指標の設定

　それには、仮説が正しかったかどうかを判断するためのチェックポイントをあらかじめ用意しておく必要があります。このチェックポイントは、仮説である戦略が達成したかどうかを定量的に測定するためのもので、**「ゴール指標」**といいます。

　しかし、ゴール指標だけをチェックするのであれば、これまでの結果管理と何ら変わりません。重要なのは、ゴール指標を達成するために日々くり返し取り組むべきこと（**「日課指標」**といいます）を設定することです。この日課指標の現場での実施状況とゴール指標の達成度合いをスピーディに意思決定者にフィードバックすることが重要なのです。

　意思決定者はその現場情報をもとに、期待した成果が得られたかどうか、このまま戦略を進めてよいかどうかを判断することになります。正しく判断するためには、現場情報のフィードバックで次の3点が重要となります。

① **精度の高い情報（新鮮で客観的かつ定量的な情報）がフィードバックされること。**
② **スピーディにフードバックされること。**
③ **過去の情報を含めた傾向値もフィードバックされること。**

　そして、期待どおりの成果が得られないと判断した場合には、仮説である戦略を抜本的に見直したり、日課指標を修正したりして改善活動を行います。

　経営の「見える化」とは、計画した戦略（Plan）を現場で実行（Do）し、戦略の実施状況を日課指標とゴール指標で評価（Check）し、計画した戦略実現のために改善（Action）活動を行う、まさに戦略のPDCAサイクルを回すしくみなのです。

戦略のPDCAサイクルを回転させる

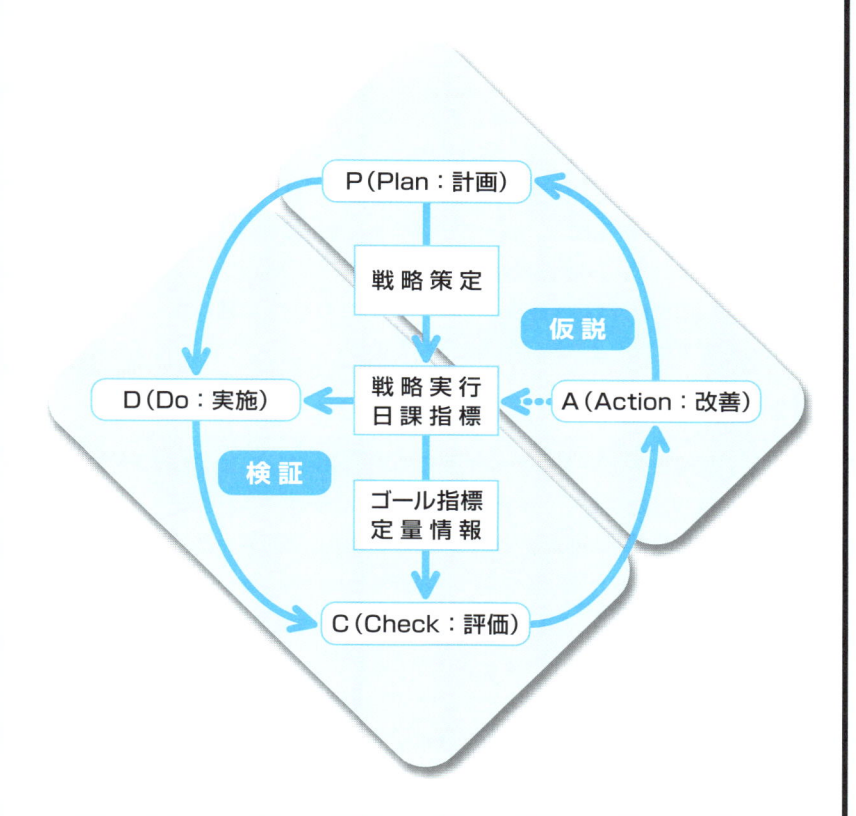

```
        P（Plan：計画）
         ↓
        戦略策定
                    仮説
        戦略実行
D（Do：実施） ← 日課指標 ←--- A（Action：改善）
        検証
        ゴール指標
        定量情報
         ↓
        C（Check：評価）
```

- 戦略のPDCAサイクルは、計画（Plan）した仮説を日課指標として実施（Do）し、その日課指標の実施状況を評価（Check）する。
- さらに仮説した日課指標が最終成果としてのゴール指標をクリアしたかどうかも検証する。
- 日課指標の積み重ねが、ゴール指標をクリアしない場合は、仮説である日課指標の改善（Action）を行う。

1-6 経営の「見える化」には、ITシステムが不可欠

経営改革を周知徹底させるためのITシステム

　戦略のPDCAサイクルを高速回転させるためには、ITシステムの活用がカギとなります。ある日用雑貨卸の今年度の戦略を例にとって考えてみましょう。まず、計画（Plan）した今年の戦略を、右ページのようなWebの「経営のコクピット」画面で全社員に示します。この画面には、日々実行すべき日課指標と戦略が達成できたかどうかを判断するためのゴール指標が設定されています。

　この「経営のコクピット」画面をスケジュール管理ソフトに埋め込んで毎日「見える化」することで戦略を全社員に浸透させるのです。

仮説を検証するためのIT日報システム

　そして、この会社の取り組むべき日課指標は、右ページのように訪問件数、案件進捗状況（企画提出数やキーマン面談数など）、平均受注（予定）単価、クレーム状況（件数や処理日数など）などです。この日課指標として設定したアクションを実施（Do）します。さらに、計画時に設定した日課指標やゴール指標の目標値と現場からの実績値を評価（Check）します。戦略のPDCAサイクルを高速回転させるためには、この実績値を収集するスピードを上げることが必要です。日課指標ですから実績値を文字どおり日次ベースで収集したいのです。週次や月次では遅すぎるのです。

　たとえば、この日用雑貨卸の営業担当A君が、あるホームセンターの仕入担当部長と来月の特売についての商談をしてきたとします。持参した企画書の大筋の合意もとれました。この企画で500万円の受注を見込んでいます。

　このような商談内容を上司にメールで報告しているのであれば、この報告をIT化（これを「IT日報システム」といいます。機能の説明はPART1-16参照）すると同時に、商談情報から日課指標を自動集計できるように工夫すればよいのです。IT日報システムを活用することで、今回のA君の商談報告からは、訪問件数1件、企画書提出数1件、キーマン面談数1件、受注（予定）単価500万円などの日課指標が自動的に収集されるはずです。

　このIT日報システムから収集された実績値を「経営のコクピット」に表示することで、日課指標やゴール指標の目標値と実績値を対比して「見える化」することができ、戦略の抜本的な見直しや改善（Action）に役立つことになります。

経営の「見える化」の手順とITシステムは、車の両輪

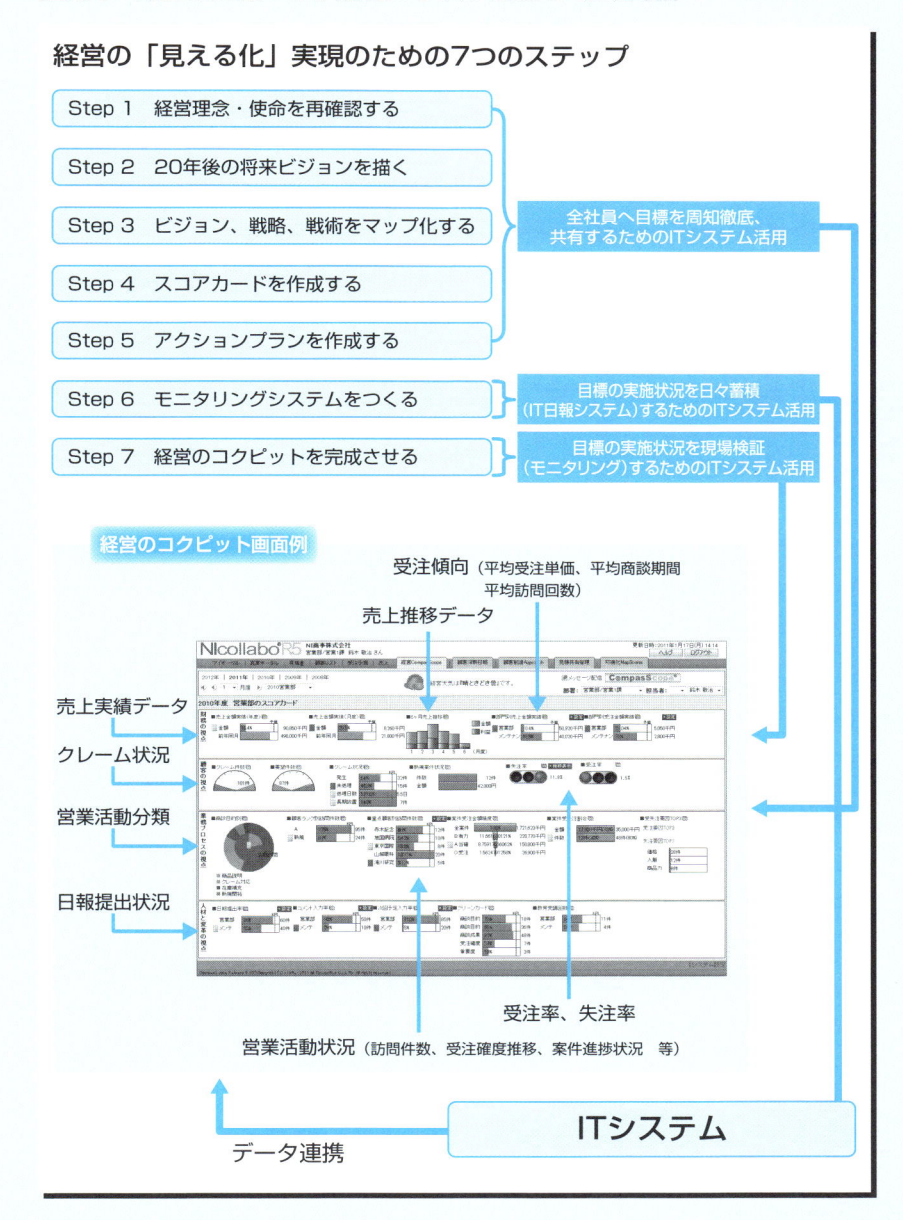

経営の「見える化」実現のための7つのステップ

- Step 1　経営理念・使命を再確認する
- Step 2　20年後の将来ビジョンを描く
- Step 3　ビジョン、戦略、戦術をマップ化する ― 全社員へ目標を周知徹底、共有するためのITシステム活用
- Step 4　スコアカードを作成する
- Step 5　アクションプランを作成する
- Step 6　モニタリングシステムをつくる ― 目標の実施状況を日々蓄積（IT日報システム）するためのITシステム活用
- Step 7　経営のコクピットを完成させる ― 目標の実施状況を現場検証（モニタリング）するためのITシステム活用

経営のコクピット画面例

- 売上実績データ
- クレーム状況
- 営業活動分類
- 日報提出状況
- 売上推移データ
- 受注傾向（平均受注単価、平均商談期間、平均訪問回数）
- 受注率、失注率
- 営業活動状況（訪問件数、受注確度推移、案件進捗状況　等）

ITシステム ← データ連携

PART 1　経営の「見える化」って、どういうこと？

1-7 なぜ経営の「見える化」が、経営改革の取り組みになるのか

経営スタイルの変化は必然

　国内では少子・高齢化によるマーケット縮小、海外では中国、インド、韓国などの台頭で、日本は厳しい市場環境にさらされています。それが一過的でないことは、前述したとおりです。また、スマートフォンの年間出荷台数がPCのそれを上回るほどITツールが生活に浸透し、製品のデジタル化やバイオ、ナノテクなどの技術革新も市場に劇的な変化をもたらしています。

　一方で先進国のモノ余り、市場の成熟化も着実に進んでいます。明らかに、これまでの市場環境とは違っています。これからもさらに猛烈な勢いで市場環境が変化していくことが予想されます。

　こんな市場環境のなかで、「会社は、環境適応業」という言葉に象徴されるように、「変化に強い会社」、「変化を受け入れるマインドのある会社」、「変化を日常とする会社」だけが勝ち残るといってもいい過ぎではありません。これまでの経営スタイルを維持していくだけでは、もう生き残ることすらできないのです。この現実は、多くの人が認めるところです。

経営改革とは、仮説検証型マネジメントの実現

　もう少し具体的にいうと、右ページのように、これまでのがんばれば売れた時代は、経営トップからの指示命令による経営スタイルで、結果による管理でした。

　しかし、これまでと明らかに違う市場環境において求められる経営スタイルは、過去の成功体験や知恵が通用するかどうかわからないため、「戦略を仮説として、その仮説を現場ですばやく実施し、その現場で実施した状況をすばやく検証する、そしてその仮説が間違っていたら修正する」といった仮説検証型のスピード経営でなければならないのです。

　このように、いま置かれている市場環境に適応するために、経営スタイルの変更は必然なのです。そして、いま求められているのは、戦略の仮説検証型の経営スタイルであり、そのためには現場の状況の「見える化」が必要なのです。この経営スタイルの変更こそが経営改革であり、経営の「見える化」によって、これらの取り組みが実現されるのです。

これまでの経営スタイルといま求められている経営スタイル

	これまでの 経営スタイル	いま求められている 経営スタイル
市場環境	国内マーケット拡大 大量生産、大量消費 先進国として先導	国内マーケット縮小 少子・高齢化、成熟市場 中国、インドなどの台頭
仕事場	工場や事務所という物理的な場所での活動 ⇒動きが見える	知恵、知識、アイデアなどの付加価値を生む頭の中が工場 ⇒動きが見えない
ビジョンや戦略に対する考え方	ビジョンや戦略を経営トップ自らが掲げリードする	ビジョンや戦略を組織的に共有し全社員が共感する
マネジメント方式	指示命令型でトップダウン的アプローチ	現場が自律的かつ協調的にセルフマネジメントする
現場の取り組み	現場での生産性の向上と効率の重視	現場でのトライアンドエラーと効果性の追求
意思決定の対象	成果物、結果	プロセス、現場の状況
意思決定の方法	自分自身の過去の成功体験や失敗体験や勘	仮説と検証のくり返しや他者の最近の類似事例

- がんばれば売れた時代から、がんばっても売れない時代になった。
- 市場環境に合致した経営スタイルに変える必要がある。

1-8 製造現場で成果をあげてきた「見える化」のしくみを経営へ

トヨタの「あんどん」に学ぶ

　トヨタ自動車の工場には「あんどん」と呼ばれる掲示板があり、製造現場の稼働状況がパッと一目でわかるようになっています。この「あんどん」は、製造現場の「見える化」の代表選手といわれています。

　ラインが正常に稼働している場合は青ランプが点灯していて、何かトラブルが発生すると黄ランプを点灯させて管理者を呼びます。さらに製造ラインを停止する場合は、赤ランプを点灯させて必要な処置をします。

　このように「あんどん」は、どんなときに、誰が、どんな行動を起こすのかをルール化しています。そして、「あんどん」の色で状況の変化をすばやく伝えるように運用を徹底しているのです。さらに、問題が発生したら再発を防止するための改善活動が習慣化されています。

　よく製造現場では、「問題は現場にあり。原因は現場にあり。解決策は現場にあり。すべて現場にあり」といわれます。この現場主導による「見える化」の取り組みによって、これまで日本の工場で生産される"製品の品質"を維持・向上させてきました。そして、厳しい競争を勝ち抜いてきたのです。

経営の「見える化」で大競争時代を勝ち抜く

　経営の「見える化」とは、信号機のように、単に状況をパッと見せるためのしくみではありません。製造現場の「見える化」と同様に、以下の4つの取り組みをくり返し進めていくことです。

① **新たな計画（戦略）の作成やルールづくり。**
② **計画（戦略）実行のための基準値や目標値の設定。**
③ **作成した計画（戦略）と実績とのギャップ（問題）の「見える化」。**
④ **計画（戦略）とのギャップ解消のための改善活動。**

　製造現場の「見える化」の考え方やしくみを経営の現場にも取り入れて、"経営の（品）質"を高めて、これからますます厳しくなる大競争時代を勝ち抜こうとするのが、経営の「見える化」のめざすところなのです。

組み立てラインの「あんどん」

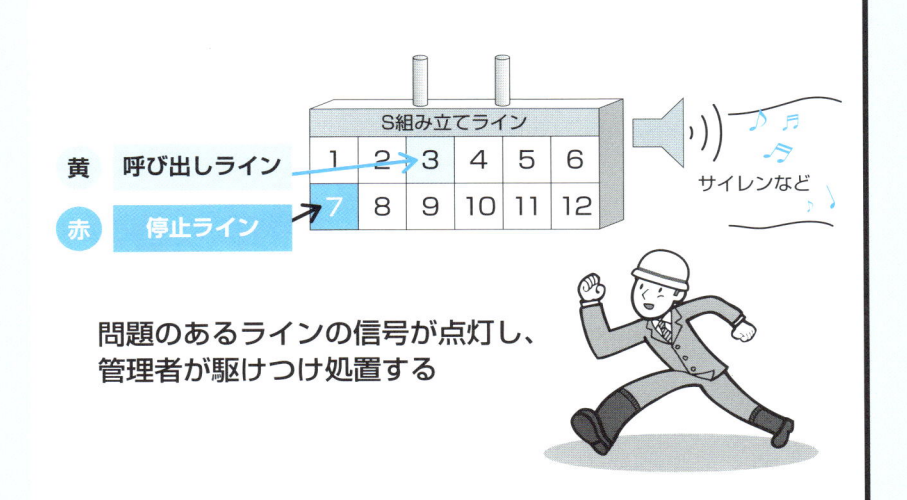

黄　呼び出しライン
赤　停止ライン

S組み立てライン
| 1 | 2 | 3 | 4 | 5 | 6 |
| 7 | 8 | 9 | 10 | 11 | 12 |

サイレンなど

問題のあるラインの信号が点灯し、管理者が駆けつけ処置する

製造現場も経営現場も品質向上のためには「見える化」がカギ

品質の向上
↑↓
製造現場の「見える化」　経営の「見える化」

❶ 新たな計画（戦略）の作成やルールづくり
❷ 計画（戦略）実行のための基準値や目標値の設定
❸ 作成した計画（戦略）と実績とのギャップ（問題）の「見える化」
❹ 計画（戦略）とのギャップ解消のための改善活動

PART 1　経営の「見える化」って、どういうこと？

1-9 困難なことに立ち向かうために、なぜ「見える化」が有効なのか

これまでと同じ戦略では、目標達成が見込めない時代に

　前項で説明した、経営の「見える化」の4つの取り組みは、登山に例えることができます。

　登り慣れた山なら、道に迷うことなく山頂まで到着できるはずです。経営でいえば、これまでと同じ戦略を実行すればこれまでどおりの目標達成が見込める状態です。しかしいまや、こんな恵まれた経営環境の会社はごくわずかです。多くの会社は、突然の濃霧や豪雨に行く手をはばまれ、思うように前に進むことができない状況にあります。装備の再点検や登山ルートの見直しが必要なのです。

　そして、このまま成果が得られないのであれば、登り慣れた山にこだわることなく、新たな山にチャレンジすることも必要になります。

目標達成のために欠かせない3つの取り組み

　これまで一度も登ったことのない山に登るためには、まずどこの何という山なのか、その山の高さはどれくらいなのか、どんな登山ルートがあるのかなどを、パーティ全員が理解しておかなければなりません。会社に置き換えると、目標となるビジョンとそれの具体策である戦略を、全社員が共有しておくということです**(右ページのⅠ、前ページの①)**。

　登る山が決まったら、パーティを率いるリーダーは、登山ルート、休憩地や宿泊場所を決めなければなりません。これは、会社のマネジャーが戦略の実施状況を把握できるよう、あらかじめいくつかのチェックポイントを設定しておくことに相当します**(右ページのⅡ、前ページの②)**。

　そして山に登りはじめたら、リーダーはパーティ全員の健康状態や天候などに注意を払いながら、計画どおりに進んでいるかどうかを確認し、対策を講じます。これは、マネジャーが現場で、戦略の実施状況をチェックし、改善活動を行うことに相当します**(右ページのⅢ、前ページの③と④)**。

　さまざまな困難が待ちかまえる登山を成功させるためには、このような事前準備と要所でのチェックが欠かせません。同様に、市場環境の変化の激しい時代に勝ち組として生き残るためには、**戦略の可視化**、**マネジメントの可視化**という事前準備、**現場情報の可視化**という要所でのチェックが必要となります。

困難なことに立ち向かうために必要な3つの可視化

Ⅰ 戦略の可視化

どの山に登るのかを
パーティ全体で共有する

⬇

全社員がビジョンと戦略を共有する

Ⅱ マネジメントの可視化

パーティのリーダーが中心になって、
登山ルートや休憩地や宿泊場所を
決定する

⬇

戦略の実施状況を
確認できるようにするため、
あらかじめチェックポイントを設定しておく

Ⅲ 現場情報の可視化

登山者の健康状況や天候などが、
計画どおりかどうかを、
休憩地や宿泊場所で把握する

⬇

現場で戦略の実施状況をチェックする

PART I 経営の「見える化」って、どういうこと？

1-10 経営の「見える化」はどのようなプロセスで実現していくのか

戦略、マネジメント、現場情報の可視化とは

　カーナビは、目的地をセットすれば、現在地をすばやくキャッチしてゴールまでの最適ルートを表示してくれます。経営の「見える化」のしくみは、目的地の設定、目的地までのルートの決定、現在地の表示という点で、カーナビに大変よく似ています。

　以下、目的地（目標）を設定することを「戦略の可視化」、目的地までのルート（目標到達までの具体的な手順）を決定することを「マネジメントの可視化」、現場の情報を収集して現在地（目標に対する実績値）を知ることを「現場情報の可視化」と表現します。

　「戦略の可視化」を実現するためには、次の３つのステップを踏む必要があります。

① **経営理念・使命を再確認する**
② **２０年後の将来ビジョンを描く**
③ **ビジョン、戦略、戦術をマップ化する**

「マネジメントの可視化」を実現するためには、

④ **スコアカードを作成する**
⑤ **アクションプランを作成する**

また、「現場情報の可視化」を実現するためには、

⑥ **モニタリングシステムをつくる**
⑦ **経営のコクピットを完成させる**

と、それぞれ２つのステップを実施します。

ビジョンや戦略の検討プロセスを「見える化」する

　以上の7つのステップに従って経営の「見える化」を進めていくわけですが、それぞれのステップのなかで「ビジョンマップ」、「戦略マップ」、「スコアカード」、「アクションプラン検討シート」といった定型のワークシートを活用します。

　全社一丸となって仕事に取り組むためには、会社の目標であるビジョンやそれを実現するための戦略を、全社員が共有し理解することが重要になります。

　経営の「見える化」では、それぞれのステップの検討プロセスや検討の成果物を定型のワークシートで「見える化」することによって、社員の理解力や実行力をよりいっそう高めることも期待しています。

経営の「見える化」を実現する7つのステップ

戦略の可視化
＝
目的地の設定
- Step 1　経営理念・使命を再確認する
- Step 2　20年後の将来ビジョンを描く
- Step 3　ビジョン、戦略、戦術をマップ化する

マネジメントの可視化
＝
ルートの決定
- Step 4　スコアカードを作成する
- Step 5　アクションプランを作成する

現場情報の可視化
＝
現在地の表示
- Step 6　モニタリングシステムをつくる
- Step 7　経営のコクピットを完成させる

- 経営戦略の作成手順を標準化して、その検討プロセスや検討の成果物を「見える化」することで全社員の経営戦略への理解度がグンと増してくる。

1-11 7つの可視化で経営を「見える化」する

中核をなす3つの可視化

①**戦略の可視化**：20年後の将来ビジョン、中期経営計画、年度方針を全社員がパッと一目でわかるようにマップ化します。それぞれの目標を実現するために財務の視点、顧客の視点、業務プロセスの視点、人材と変革の視点（PART3-8参照）で何をすべきかを具体的に洗い出す取り組みです。

②**マネジメントの可視化**：戦略の可視化で検討した4つの視点に対する年度方針を作成します。現場レベルで徹底的に実行するために、各視点の達成度合いを測定するゴール指標とそのゴール指標を達成するための日課指標を現場担当者と一緒になり作成する取り組みです。

③**現場情報の可視化**：マネジメントの可視化で作成した現場で実行する日課指標の実績値や戦略の達成度合いを測定するゴール指標の実績値を効率的に測定するためのしくみを構築します。

現場情報の可視化を支援する4つの可視化

現場情報の可視化で構築したITシステムを活用して以下の4つの可視化に取り組むことで、経営の「見える化」を促進します。

④**顧客の可視化**：顧客の固定情報はもちろんのこと、接触しないと得ることのできない顧客の個別情報を蓄積し、顧客の判断基準を「見える化」する取り組みです。既存顧客だけでなく失注客やこれまでの接触客も見込み客として管理します。

⑤**社員の頭の中の可視化**：知識や情報、知恵や創意工夫が付加価値を生み出します。結果を出すための行動、行動を起こすための思考を「見える化」することで組織的な対応力の向上と個人の思考訓練を両立させます。

⑥**評価の可視化**：IT日報システムで、現場担当者の日々の行動や考えを上司が評価基準に基づいて指導育成することで、共通の価値観を共有するための人材育成を行います。

⑦**部門間の可視化**：顧客の可視化、社員の頭の中の可視化、評価の可視化で蓄積した情報を全社で共有し活用することで、顧客を軸にした部門間のコミュニケーションと疑似体験量が飛躍的にふえ、全社営業体制が構築されます。

密接に関わり合っている7つの可視化

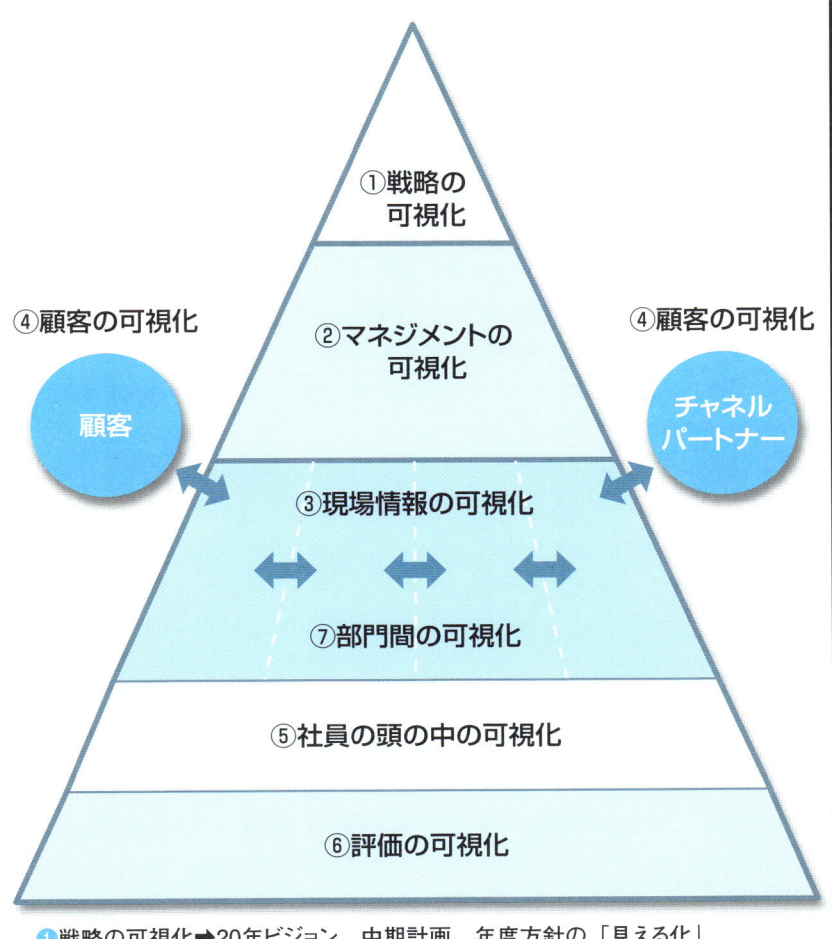

- ①戦略の可視化
- ②マネジメントの可視化
- ③現場情報の可視化
- ④顧客の可視化（顧客）
- ④顧客の可視化（チャネルパートナー）
- ⑦部門間の可視化
- ⑤社員の頭の中の可視化
- ⑥評価の可視化

❶戦略の可視化➡20年ビジョン、中期計画、年度方針の「見える化」
❷マネジメントの可視化➡年度方針の具体策の設定
❸現場情報の可視化➡目標に対する現場状況のフィードバックのしくみ
❹顧客の可視化➡顧客のニーズやクレームによる市場環境の変化の「見える化」
❺社員の頭の中の可視化➡業務マニュアルによる学習する組織の確立
❻評価の可視化➡チャレンジする組織風土と持続的モチベーションの醸成
❼部門間の可視化➡顧客を軸にした部門横断的なコミュニケーション

PART 1 経営の「見える化」って、どういうこと？

1-12 会社内の情報だけでなく、顧客も可視化する

戦略的に活動するための顧客情報とは

　営業現場では、「顧客が財産」とか「顧客を囲い込む」といった表現をよく用います。生身の人間を自社の財産目録に入れることはできませんし、本当に連れてきて囲い込んだら犯罪になってしまいます。実際に自社の財産にしたり囲い込んだりするのは"顧客の情報"ということになります。

　それも単に名前や住所、電話番号といった誰でもちょっと調べればすぐわかるような固定の顧客情報を可視化したいわけではありません。一つひとつ積み重ねてきた顧客とのやり取りの経緯や顧客ニーズやその考え方、顧客が持っている独自の判断基準といった個別の顧客情報を可視化したいのです。

　過去の商談履歴やお買い上げいただいた製品の情報、進行中の案件情報、クレーム情報、競合情報、過去に提出した見積書と経緯、顧客の反応、製品を納入した後のフォロー状況といった個別の顧客情報を「見える化」し、組織的に蓄積することで、戦略的に活動するための仮説が立てられるのです。

　いうまでもなく、これだけの顧客情報を管理するためには、ITシステム（IT日報などの顧客の固定情報だけでなく、顧客の個別情報を蓄積し、共有できるしくみ）の活用が欠かせません。

顧客の可視化で本当に見たいものとは

　「彼を知り己を知れば百戦殆からず。彼を知らずして己を知るは一勝一負す。彼を知らず己を知らざれば戦うごとに殆うし」——『孫子』の有名な一節です。ビジネスに勝つ基本は、やはり顧客や市場の動向と自社の現場の動きをよく知ることです。

　もし現場のマネジャーが、部下のスケジュール管理や行動をチェックするだけであれば、『孫子』で説いているように勝ったり負けたり五分五分の成績しか残せないでしょう。

　組織的に蓄積すべき顧客情報は、現場担当者の提案や情報提供に対する顧客の反応、それに対する現場担当者の推察、推察から導いた次回の顧客への対応方針などです。このような顧客情報の蓄積を積み重ねることで、顧客が持っている判断基準が明確になってくるのです。その顧客の判断基準の「見える化」こそが、百戦百勝の大きな要因になります。

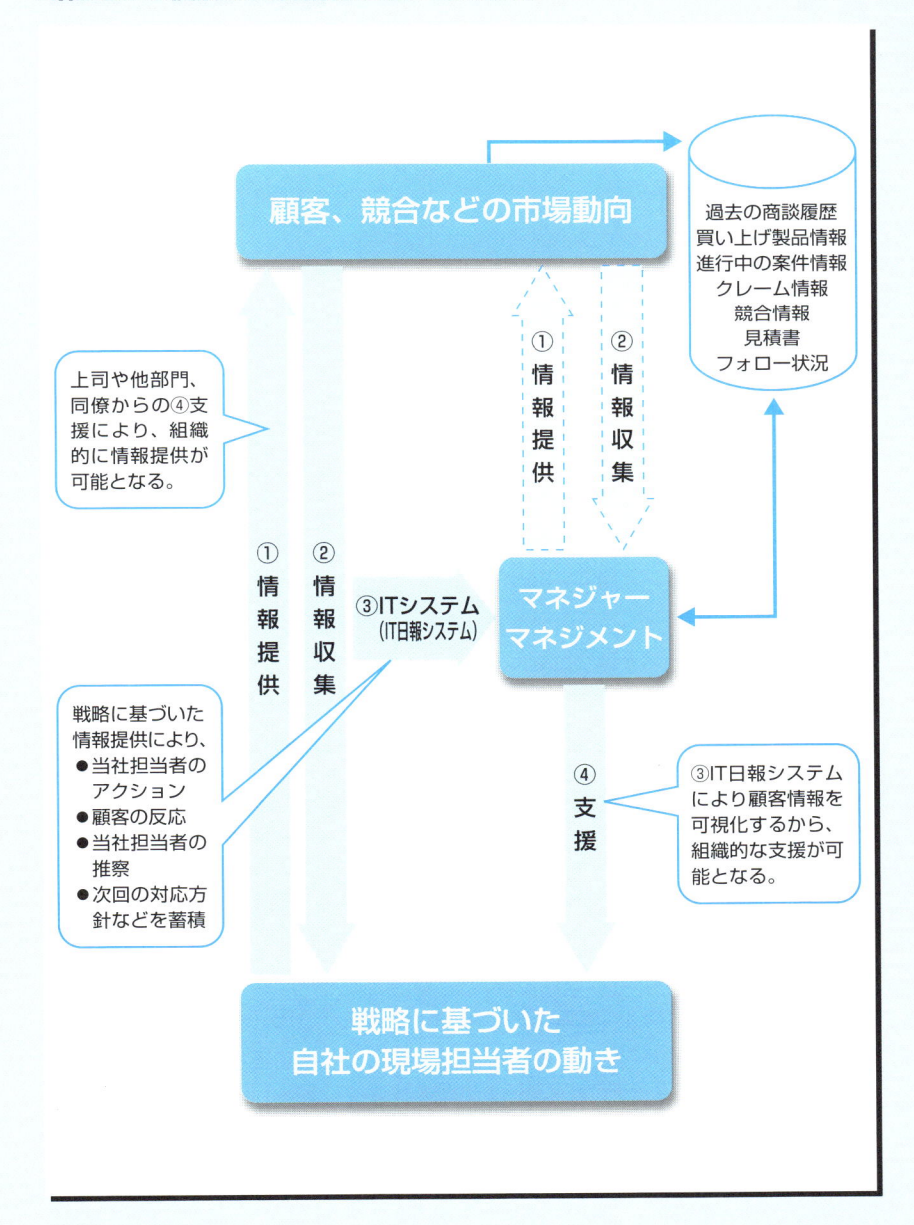

当社だけの個別の顧客情報を囲い込むとは

顧客、競合などの市場動向

過去の商談履歴
買い上げ製品情報
進行中の案件情報
クレーム情報
競合情報
見積書
フォロー状況

① 情報提供
② 情報収集

上司や他部門、同僚からの④支援により、組織的に情報提供が可能となる。

① 情報提供
② 情報収集
③ITシステム（IT日報システム）

マネジャーマネジメント

戦略に基づいた情報提供により、
- 当社担当者のアクション
- 顧客の反応
- 当社担当者の推察
- 次回の対応方針などを蓄積

④ 支援

③IT日報システムにより顧客情報を可視化するから、組織的な支援が可能となる。

戦略に基づいた自社の現場担当者の動き

PART1　経営の「見える化」って、どういうこと？

1-13 これからは社員の頭の中の可視化も求められる

製造現場と経営の現場の違い

　製造現場では、資材や部品などをインプットして、社内工程の加工や組み立てラインをへて、製品をアウトプットします。

　これを経営の現場に置き換えると、インプットが知恵や工夫や情報、社内工程が業務プロセス、アウトプットが経営の成果ということになります。知恵や工夫や情報をめぐらして、業務プロセスを回すことで、経営の成果をアウトプットするという図式です。

　もし製品に何か問題が発生したら、インプットの材料や社内工程といった現場にさかのぼって原因を調査します。そして、PART1-8の「あんどん」の話で説明したように改善活動をくり返しながら製品の品質を上げていきます。製品の品質を上げるためには、製造の現場の「見える化」が必要なのです。

　経営の成果が得られない場合も同様に、経営の現場の「見える化」が必要です。しかし経営の現場では、インプットである知恵や工夫や情報は、頭の中にある「考え」ですし、社内工程である業務プロセスは、工場の倉庫に積み上げられるような物理的なものではなく「行動」なので、記録しておかなければ可視化することができません。製造現場と同じように、現場に急行して調査するようなわけにはいかないのです。

知恵や工夫や情報を生みだすための思考訓練が必要

　知恵や工夫や情報を駆使して付加価値で勝負する時代に経営の成果を得るためには、経営の現場の質的向上、すなわち社員の頭の中にある「思考」の質的向上が必要となります。

　社員の思考訓練をするには、上司が社員の「考え」を時間をかけて傾聴するか、次善の策として本人に「考え」を書かせるしかありません。この「考え」とは、客観的な事実と主観的な推察から生まれる自分の意見です。この「事実」と「推察」と「意見」を明確に区分けして話したり書いたりすることが、思考訓練の第一歩となります。

　社員の頭の中の可視化では、現場情報の可視化で構築したIT日報システムを活用し、「事実」と「推察」と「意見」を分けて書くことで、自分の「考え」を見える化します。このような日々のくり返しが思考訓練になります。

経営の現場は、頭の中だから見えにくい

製品の場合

インプット	→	社内工程	→	アウトプット
資材、部品など		加工ライン、組み立てラインなど		製品

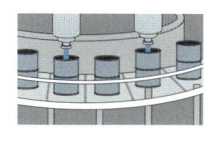

在庫部品検査
外注調査 ← 仕掛品チェック
ライン点検 ← 製品に問題発生!!

● アウトプットの問題は、源流である現場で物理的に確認することが可能である。

経営の場合

インプット	→	社内工程	→	アウトプット
知恵、工夫、情報などの付加価値		業務プロセス		経営の成果

頭の中 ← 実施状況が属人的 ← 経営の成果に問題発生!!

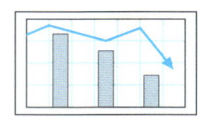

● 戦略の実施状況が、抽象的である、個々人の記憶に依存している、感覚的な評価である。
● 記録は、頭の中か手帳の中といった属人的なものになっている。
● 付加価値の源泉が、個々人の頭の中で見えにくい。

1-14 経営の「見える化」は自律協調型の組織運営で行う

自律と協調とは

　工場で製品を作るのであれば、手を動かしているかどうかや時間当たりの出来高などで、その稼働状態をチェックすることができます。しかし、21世紀における付加価値の源泉は、人間の頭の中にシフトしました。腕組みをしてパソコンを眺めていても、考えているのか、サボっているのかわかりません。社員が頭の中で何を考えているのかを常時調べることもできません。社員の自律性に委ねられているのです。

　『大辞林』によると、「自律」とは、「他から支配や助力を受けず、自分の行動を自分の立てた規律に従って正しく規制すること」とあります。いい換えると、会社で働く社員の行動や思考は、強制されるものではなく、自ら進んで取り組み、動いて、自らを律していくことになります。

　そして自律的であると同時に、協調的でなければなりません。どんな優れた人材であっても、ひとりの能力、ひとりの知識、ひとりの情報、ひとりのアイデアには限界があります。組織である以上、他者との関係性を理解し、他者の協力を得てこそ大きな価値を生むことができるという認識が必要となります。

ドラッカーが『現代の経営』で説く、自己管理の重要性

　ドラッカーの著書である『現代の経営』では、経営者が目標を持つべきことと、目標を設定したら部下に任せることの重要性を指摘しています。そして、個々人の目標は、事業全体の目標と合致すること、上位部門に貢献する観点で定めなければならないといっています。

　そして、その個々人の目標は、「自己管理」により実行するのです。「自己管理」とは、目標を他人からいわれるのではなく、自ら上位目標に照らして考え、自らの意思で積極的に行動することであり、利点は結果を目標に照らし自ら判断できることであると述べています。

　経営の「見える化」も同様に、上位の目標である戦略に照らして、下位の部門間が協調しながら目標をつくり上げていきます。そして、自ら作成した目標に対して自律的に考え、行動を起こしていくのです。まさしく、ドラッカーの「自己管理」と経営の「見える化」の組織運営とは相通じるものがあります。

自律化と協調の両建ての組織運営

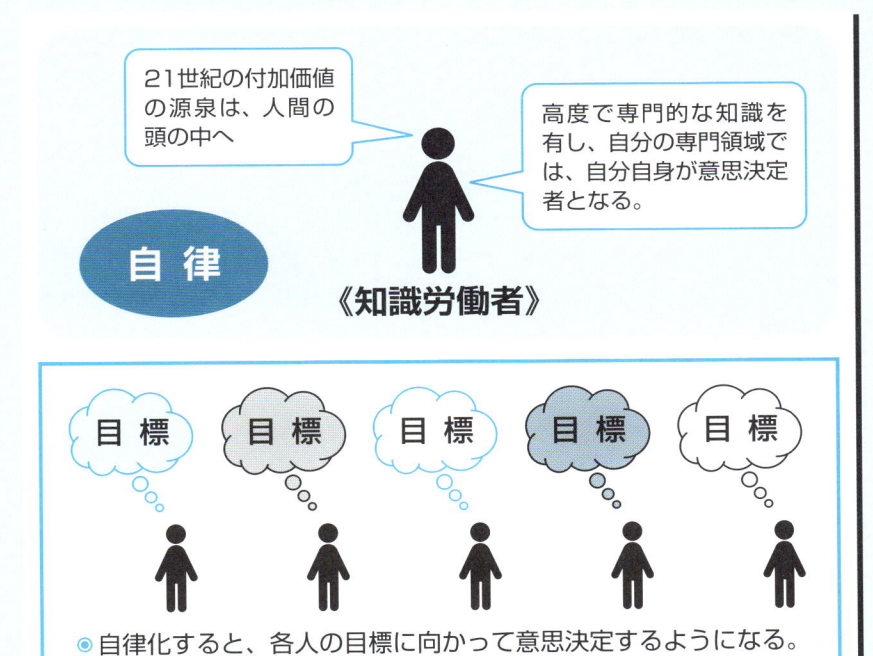

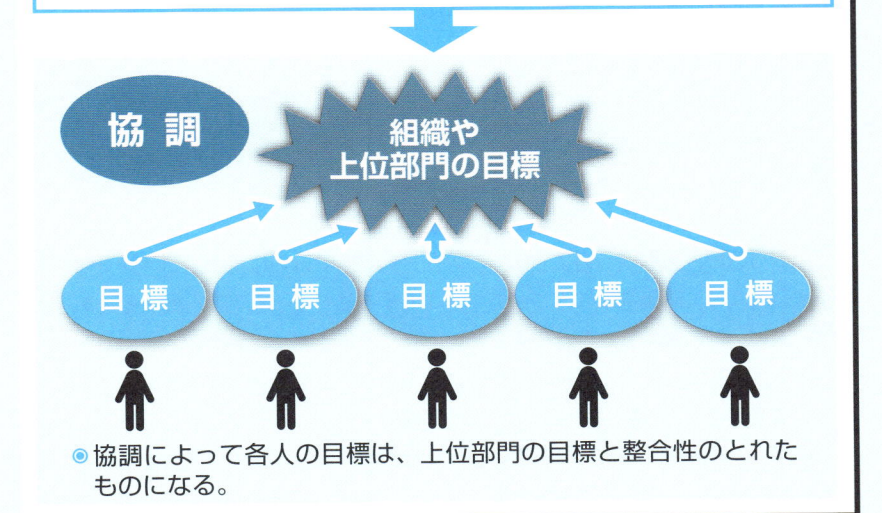

21世紀の付加価値の源泉は、人間の頭の中へ

高度で専門的な知識を有し、自分の専門領域では、自分自身が意思決定者となる。

自律

《知識労働者》

目標　目標　目標　目標　目標

- 自律化すると、各人の目標に向かって意思決定するようになる。

協調

組織や上位部門の目標

目標　目標　目標　目標　目標

- 協調によって各人の目標は、上位部門の目標と整合性のとれたものになる。

1-15 社員の行動に変革を起こすには、評価の可視化が欠かせない

評価の可視化で評価基準を共有する

　社員の満足度調査をすると、「評価が不明確で、公平さに欠けている」という不満の声が、必ずといっていいほど上位を占めます。

　「評価が不明確だ」という声が多いからといって、上司評価だけでなく、部下や同僚、仕事で関係のある他部門による多面評価（360度評価）や全社員の評価結果の公表を求めているわけではありません。また評価基準が公開されずに、どういう基準で評価しているのか不明確だというのでもありません。評価基準が抽象的で評価する上司と評価される部下の間で、評価基準の内容の理解についてギャップがあり、不満の声が上がっているのです。

　正しい評価がなければ正しい企業風土は醸成されませんので、「何が評価され、何が評価されないのか」、「どういう仕事をすることが求められているのか」、「どういう仕事の取り組み方をすれば認められるのか」など、評価を可視化する必要があります。

上司からの評価基準を意識した日々の指導

　しかし、評価基準をいくら明確にして開示しても、社員の不満の声は消えません。なぜなら、上司から年にわずか数回、評価がフィードバックされるだけでは、どう日々の活動に反映し改善すればよいか、わからないからです。

　評価の可視化とは、部下の日々の行動や考えを評価基準に基づいて上司が指導する取り組みです。上司が部下の行動や考えを把握するためにIT日報システムを活用します。紙の日報の「上司欄」のように、このIT日報システムには、上司コメント欄があります。上司は、評価基準に基づいてコメントすることで、部下の行動や考えを評価基準に基づいて指導することができます。部下は、何をすれば褒められるのか、どういうときに叱られるのか、何がどう評価されるのかを身を持って理解するのです。また、先輩や同僚がIT日報システムで上司から指導されているのを見ることで、上司から直接指導を受けなくても評価基準の理解を深める（疑似体験）こともできます。

　本来評価基準は、会社の経営理念やビジョン、戦略に基づき作成されます。このような評価基準に基づく部下指導は、組織的な価値観の共有と承認によるモチベーションアップをもたらし、あるべき企業文化を醸成することになります。

評価の可視化は、あるべき企業文化をつくる

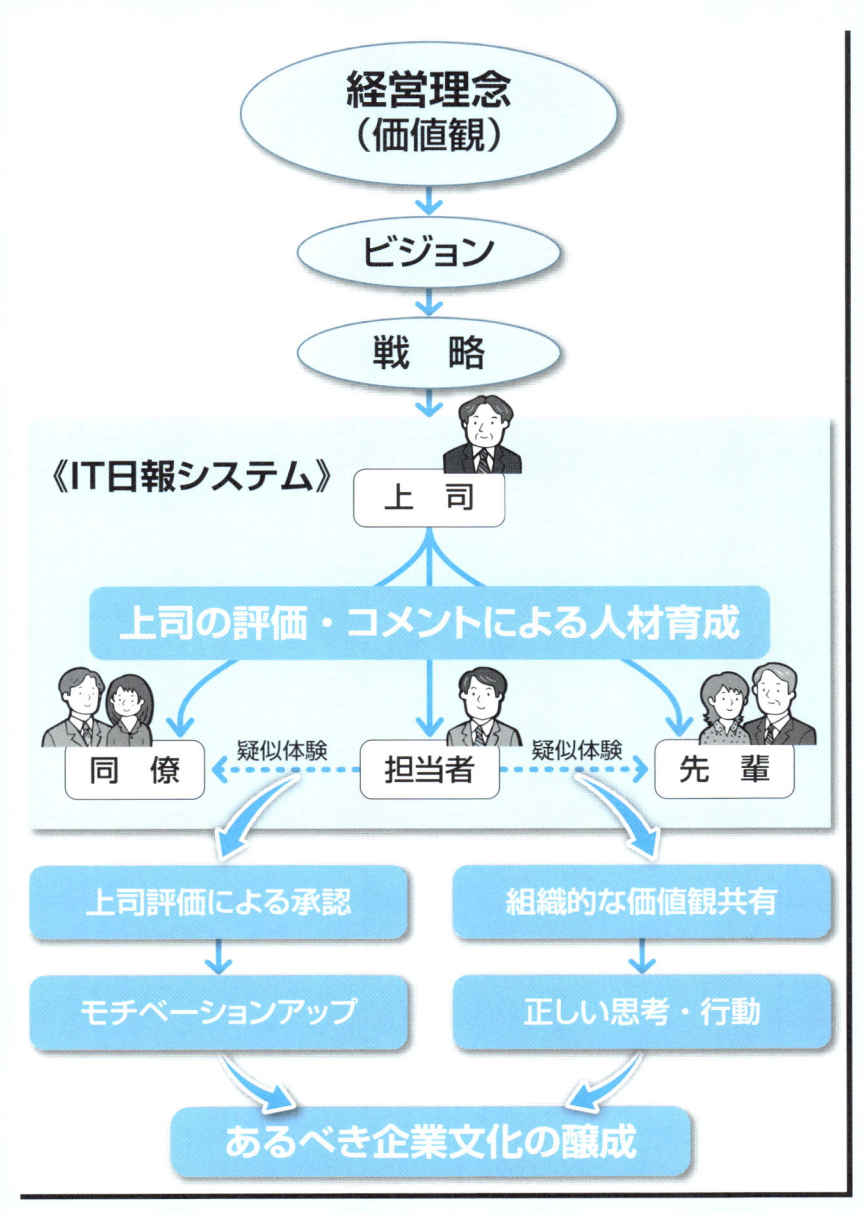

経営理念
（価値観）
↓
ビジョン
↓
戦　略
↓

《IT日報システム》

上　司
↓
上司の評価・コメントによる人材育成

同　僚　←疑似体験---　担当者　---疑似体験→　先　輩

↓　　　　　　　　　　　　　　　　↓
上司評価による承認　　　　組織的な価値観共有
↓　　　　　　　　　　　　　　　　↓
モチベーションアップ　　　　正しい思考・行動
↓　　　　　　　　　　　　　　　　↓
あるべき企業文化の醸成

PART 1　経営の「見える化」って、どういうこと？

1-16 部門間の可視化を実現する インフラとしてのIT日報システム

日報には4つの成長過程がある

　日報といえば読んで字のごとく、その日の報告書であり、多くの会社で1日の業務報告として運用されています。しかし、日報の運用レベルにもいろいろあって、部門間の可視化を実現するには、右ページのように日報の成長過程の第4段階の戦略書としての日報運用が必要となります。成長過程というように、いきなり第4段階の日報運用ができるのではなく、第1段階から順次日報の運用レベルを上げていくのです。

　第1段階の『報告書』としての運用は、単なる現場担当者の結果報告に終始し、上司のコメントが入らないことが多く、コメントが入っても業務上の指示が大半で、一方的なコミュニケーションが継続的に行われているにすぎません。

　第2段階の『連絡書』としての運用は、上司の激励コメントや感謝コメントが毎日入り、上下のコミュニケーションが図られます。現場の状況や部下の考えが把握されることで、上司の指導も的を射たものになります。

計画書だから可視化しても価値がある

　第3段階の『計画書』としての運用で、事後の報告書から事前の計画書へと日報の位置づけが大きく変わります。事前に顧客の反応、クレームや要望、競合情報、現場担当者の推察や次回の行動予定と課題が具体的に記入されるようになります。上司からタイムリーに事前のアドバイスが返却されるようになります。

　第4段階の『戦略書』としての運用は、戦略の仮説―実施―検証のモニタリングシステムとしての活用が定着すること。さらに第3段階の「計画書」の運用を全社的に展開することで部門間の可視化を実現します。IT日報システムの蓄積情報は、営業拠点間では、顧客への具体的な取り組み事例や成功体験、失敗体験を記した商談履歴が参考になります。また、マーケティング部門、開発部門、メンテナンス部門では、顧客の反応や競合情報、クレームや要望についての情報が満載の営業部門が書いた「計画書」日報が参考になります。

　このように部門間の可視化が進むことで疑似体験量が飛躍的にふえ、組織全体の相乗効果が生まれるのです。

日報の成長過程で会社の経営の品質が見える

日報の成長過程

第4段階
- ◆戦略書
- コラボレーション
- （可視化経営日報）

組織内の日報が公開され、各人がその情報を活用し、自分の疑似体験量が飛躍的にふえることで、組織全体の相乗効果を生む。ある担当者の考えが、別の担当者の考えを生むコラボレーションを創りだす。

第3段階
- ◆計画書
- 事前アドバイス
- （顧客創造日報）

現場担当者の翌日の行動や課題が具体的に記入されるようになり、それがタイムリーに上司から返却されることで、事前のアドバイスとなる。

第2段階
- ◆連絡書
- 双方向コミュニケーション
- （指導育成日報）

上司の激励コメントや感謝コメントが毎日入り、上下のコミュニケーションが図られる。現場の状況や部下本人の考えが把握されることで、上司の指導も的を射たものになる。

第1段階
- ◆報告書
- 事後報告
- （行動管理日報）

単なる現場担当者の結果報告に終始し、上司のコメントが入らないことが多い。コメントが入っても業務上の指示が大半で、一方的なコミュニケーションが継続的に行われているに過ぎない。

- 日報には、4つの成長過程があり、会社の経営の品質レベルが高いと、第4段階の戦略書としての日報活用が可能となり、全社的な戦略の仮説ー実施ー検証の高速回転が実現する。

PART 2

「見える化」で もたらされる 経営のメリット

2-1 ビジョンや戦略の策定に参加し、全社員が主体的に経営にかかわる

SL経営から新幹線経営への意識改革

　トップダウンによる指示命令型のマネジメントスタイルは、1台の蒸気機関車がたくさんの客車を引いて走る様子に似ています。一方、現場の担当者も当事者意識を持って主体的に経営にかかわるマネジメントスタイルは、各車両にも動力がある新幹線のようです。

　経営の「見える化」を進めるにあたっては、こうした新幹線経営をめざして企業のビジョンや戦略を策定するプロセスも「見える化」し、現場を預かるマネジャーや担当者もその策定に参加し、目標達成までの道筋を一緒になって考えていきます。

　すべての社員がビジョンや戦略の策定に参加できなくても、それがどのような背景で検討され、どのような検討プロセスを経て決定されたかが定型のワークシートなどでオープンになるので、ビジョンや戦略に対する現場の理解は格段に深まります。

「見える化」で経営についての言語を共有

　もちろん、現場しか知らない社員が、いきなり経営者の目線でビジョンや戦略を考えるのは至難の業です。このような社員がビジョンや戦略の策定に参加するためには、少なくともビジョンや戦略を策定するための手順を理解し、経営者が日ごろ接している情報や、将来ビジョンや成功のイメージなど、経営について見ている景色を共有することが必要です。

　経営の「見える化」の、とくに戦略の可視化に取り組むことで、現場担当者が徐々にビジョンや戦略を策定するための手順を理解し、全社員が経営についての共通言語を持ち、コミュニケーションすることができるようになります。

　そして彼らは、会社のめざす、いや自らが決めたビジョンや戦略を、わが子のようにかわいがり、思い入れを持って育んでいきます。そこには"指示待ち"の姿勢を見ることはありません。

SL経営から新幹線経営への転換

SL経営
- 経営者やリーダーが、一人で組織を引っ張っていく経営スタイル。
- がんばれば売れた時代は、指示命令型のマネジメントスタイルだった。

新幹線経営
- 全社員が戦略実行を当事者意識を持って、主体的に考えリードしていく経営スタイル。
- がんばっても売れない、これからの時代は、全員が動力となるセルフ・マネジメントスタイルが求められる。

経営の「見える化」

SL経営から新幹線経営へと変革するために

- 戦略策定のための手順の理解
- 経営者が日ごろ見ている情報や"景色"の共有

2-2 ビジョンや戦略が身近なものとなり、社員のモチベーションが向上する

マネジメントとリーダーシップに含まれるモチベーションの違い

　ハーバード大学ビジネス・スクールのジョン・P・コッター教授は、モチベーションには2つあるといっています。

　ひとつは、マネジメントに含まれるモチベーションです。ある仕事が成就するまでコツコツと持続的に行動し続けるような静かな動機づけで、組織に一貫性と秩序をもたらします。

　具体的には、「目標による管理」を行うことで長距離走のように粘り強く行動を持続させる動機づけが生まれます。

　もうひとつは、リーダーシップに含まれるモチベーションです。ここぞというところでマインドにスイッチが入り、ハイテンション・ハイパフォーマンスで一気に仕事に立ち向かう熱狂的な動機づけで、組織に変革を起こします。

　ここ一番というときの短距離走のように爆発的なパワーを発揮させるためには、次の点が重要であるとコッター教授は述べています。

① **ビジョンをくり返し、くり返し継続的に説明すること。**
② **ビジョンをどう達成していくかの決定に参加させること。**
③ **ビジョン達成のための努力に対して、熱意あふれる支援と公正な評価を行うこと。**

2つのモチベーションを向上させる経営の「見える化」の実践

　経営の「見える化」の実践では、直感的でわかりやすい「可視化マップ」という地図で、ビジョン、中期経営計画、年度方針などの戦略を示し、全社員の理解を深めます。

　そして、年度方針の具体策を現場のマネジャーや担当者自らが策定することで、リーダーシップに含まれるモチベーション（**右ページの①**）を刺激します。さらに、この年度方針の具体策で設定した数値指標（目標値）を目標管理の指標として運用することで、マネジメントに含まれるモチベーション（**右ページの②**）も醸成されるのです。

　こうして、戦略の可視化に取り組むことで、マネジメントに含まれるモチベーションとリーダーシップに含まれるモチベーションの両方を向上させることができるのです。

社員のモチベーションを向上させるしくみ

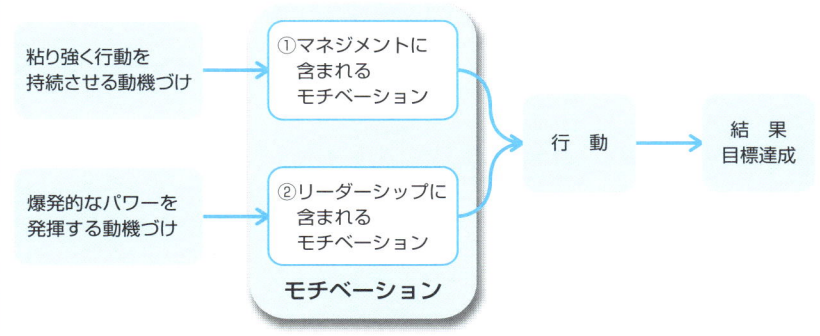

粘り強く行動を持続させる動機づけ → ①マネジメントに含まれるモチベーション
爆発的なパワーを発揮する動機づけ → ②リーダーシップに含まれるモチベーション
→ モチベーション → 行動 → 結果 目標達成

	①マネジメントに含まれるモチベーション	②リーダーシップに含まれるモチベーション
定義	マネジメントとは、あらかじめ決めた計画からのズレを最小限にとどめること	リーダーシップとは、環境変化に対応するために必要な変革を自ら起こすこと
目的	組織に一貫性と秩序をつくり出す	組織に変革を起こす
目標	組織内の人材が基準や計画をきちんと守っていくようにすること	組織内の人材がビジョンや戦略にコミットして、ビジョン実現に向けて行動を起こすこと
方法	静かな動機づけ ⇒目標管理によるモチベーション	熱狂的な動機づけ ⇒ビジョンの共鳴によるモチベーションアップ
内容	〈1〉目標設定を本人が受け入れていること 〈2〉困難度の高い目標設定であること（〈1〉が前提） 〈3〉明確な目的と具体的な目標設定であること	〈1〉ビジョンをくり返し、くり返し説明する 〈2〉ビジョンをどう達成していくかにメンバーを参加させる 〈3〉ビジョンの達成のための努力に対して熱意あふれる支援と公正な評価（褒賞）を行う

- 経営の「見える化」は、ビジョン実現のためのしくみであり、ビジョンの具体策を自ら作成して実行する取り組みである。
- また経営の「見える化」では、戦略の具体化を定量化して目標による管理を行うので、両方のモチベーションの下地となる。

2-3 長期・中期・短期の戦略に一貫性が生まれる

長期・中期・短期の戦略の不整合

　自社や自部門の戦略を、日々の活動に関連づけて行動していることが意外に少ないようです。また、戦略があいまいだったり、現場担当者に伝わっていなかったりすることもあります。
　次のような観点から、長期と中期と短期の戦略の関係をしっかりチェックしておく必要があります。

① **長期の戦略であるビジョンが、どこにでもありそうな単なる"あるべき論"だったり、抽象的なイメージや絵に描いた餅になっていないか。**
② **中期の戦略である中期経営計画が、長期の戦略のビジョンとつながっていなかったり、現状の単なる積み上げで、財務的な目標値だけの具体性のないものになっていないか。**
③ **短期の戦略である年度方針が、近視眼的な発想になっていないか。**
④ **年度方針のアクションプランが精神論になっていないか。**
⑤ **人事評価型の目標管理制度（結果管理主義による業績評価）で戦略と無関係になっていないか。**

経営の「見える化」で検討する戦略の一貫性

　それでも、右肩上がりの経済成長期には、さしたる戦略などなくても成果が得られていたのです。しかし、縮む市場（何とも嫌な響きですが…）といわれる今日では、「がんばれ。成せばなる。ガッツを出せ、気合いを入れろ」といった精神論だけでは、もはや成長は望めません。
　だからこそ戦略的な取り組みが必要なのです。かといって戦略的に思考することや行動することに慣れていない組織では、どのように取り組めばよいかがわからないというのが実情でしょう。経営の「見える化」では、経営改革の7つのステップのなかの戦略の可視化で、**長期の戦略として、「20年後の将来ビジョンをマップ化する」、中期の戦略として、「中期経営計画をマップ化する」、短期の戦略として、「年度方針をマップ化する」** を検討します。これら戦略の検討は、まず長期の戦略を立案し、その内容を受けて中期の戦略、そして短期の戦略へと順に展開していくので戦略に一貫性が生まれてきます。

長期と中期と短期の戦略が連鎖した美しい経営へ

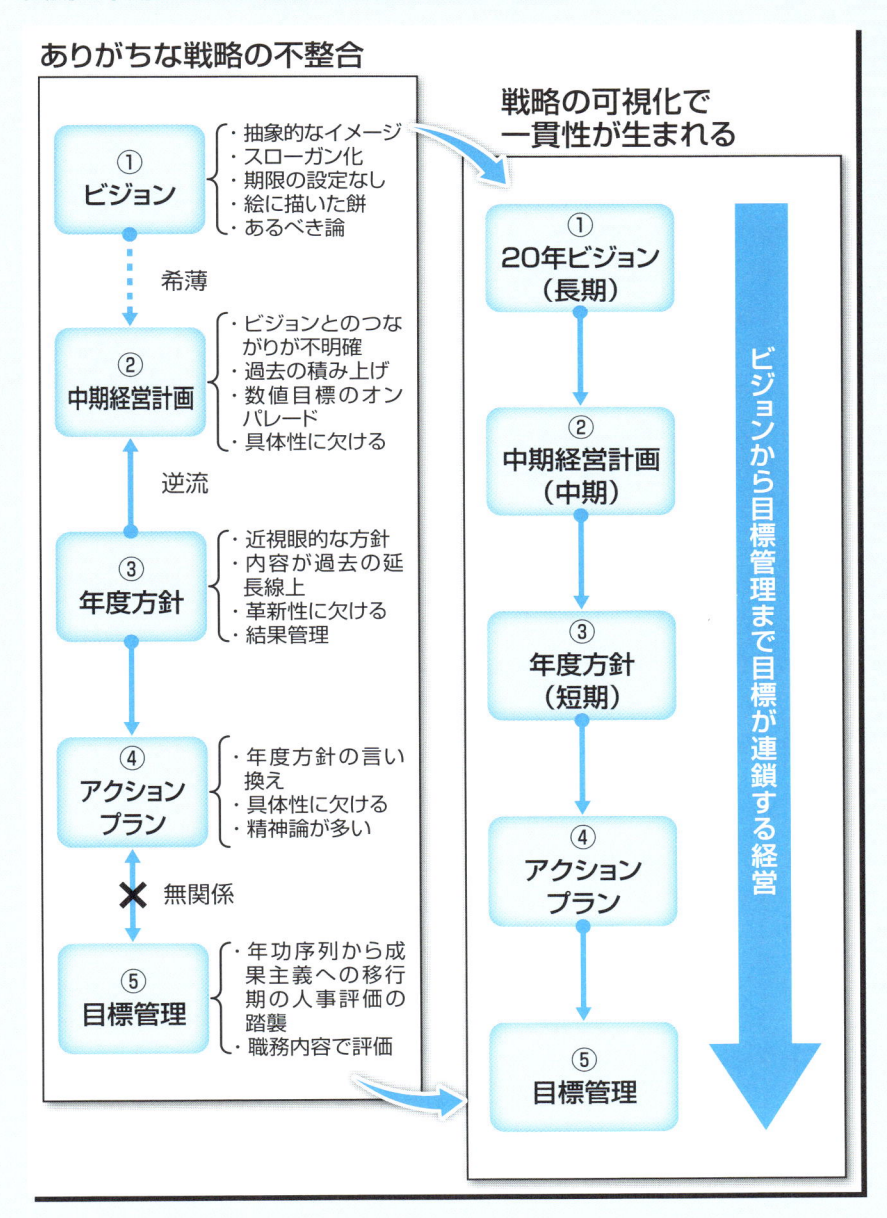

ありがちな戦略の不整合

- ① **ビジョン**
  - 抽象的なイメージ
  - スローガン化
  - 期限の設定なし
  - 絵に描いた餅
  - あるべき論

　↓ 希薄

- ② **中期経営計画**
  - ビジョンとのつながりが不明確
  - 過去の積み上げ
  - 数値目標のオンパレード
  - 具体性に欠ける

　↑ 逆流

- ③ **年度方針**
  - 近視眼的な方針
  - 内容が過去の延長線上
  - 革新性に欠ける
  - 結果管理

　↓

- ④ **アクションプラン**
  - 年度方針の言い換え
  - 具体性に欠ける
  - 精神論が多い

　✕ 無関係

- ⑤ **目標管理**
  - 年功序列から成果主義への移行期の人事評価の踏襲
  - 職務内容で評価

戦略の可視化で一貫性が生まれる

- ① 20年ビジョン（長期）
- ② 中期経営計画（中期）
- ③ 年度方針（短期）
- ④ アクションプラン
- ⑤ 目標管理

ビジョンから目標管理まで目標が連鎖する経営

PART 2 「見える化」でもたらされる経営のメリット

2-4 業績向上と人材育成を両立させる「先考管理」のマネジメント

結果管理を脱し、必要な打ち手を先手、先手で考える

　市場環境が大きく変化するなかで、これまでの経営のやり方を続けても、なかなか成果の維持・拡大が見込める状況ではありません。そして、前週、前月、前年といった過去のデータや、これまでの顧客との取引実績に基づく予測は、ますます意味を持たなくなってきています。

　そのため、たとえば営業の現場では、これまでの受注、売上、入金という目標が達成したかどうかをチェックポイントとする結果管理から脱して、これから先に発生しそうなことを事前に検討し、必要な打ち手を先手、先手で考えていく「先考管理」にシフトしなければならなくなっています。

　そのスタートは、現場担当者が考えていることや推察したことを日報などに書かせることです。日報に書き込み、頭の中の考えを可視化することで、上司や先輩がその考えを知ることができ、具体的なアドバイスをすることが可能となります。こうして、組織的な対応による顧客への質的向上が実現するのです。

　また現場担当者は、行動を起こす前に次回の顧客への対応について考えるようになるので、セルフマネジメントが習慣化し、顧客をリードするような質の高い行動がとれるようになります。まさに一石二鳥です。

先考管理体制を実現する「PSDSサイクル」

　マネジメントの可視化を実現するための先考管理体制は、営業部門にかぎらず経営全般に求められています。先考管理体制を実現するためには、右ページのような「PSDSサイクル」を回していくことが必要です。

　「PSDSサイクル」とは、結果につながる**計画（Plan）**を考え、アクションに移る前にいったん**考えを「見える化」（See）**して吟味する。そして吟味した計画を日々**実行（Do）**する。計画と実績のギャップである**問題（結果）を「見える化」（See）**して検証するというマネジメントを可視化するサイクルです。

　P（計画）とD（実績）をS（見える化）で挟み込むことで、これまでの結果管理のマネジメントから、結果をもたらす具体的な活動にたえず目を配る先考管理のマネジメントにシフトすることができるのです。

「PSDSサイクル」を回して先考管理を実現する

- Plan（考え）やDo（行動）は、直接見ることができないので、日報などを活用し、See（見える化…図の右側のSee）する。
- 結果は、直接コントロールできないため考えと行動が、当初の計画どおりに結果につながっているかどうかを見える化（See …図の左側のSee）するのだ。

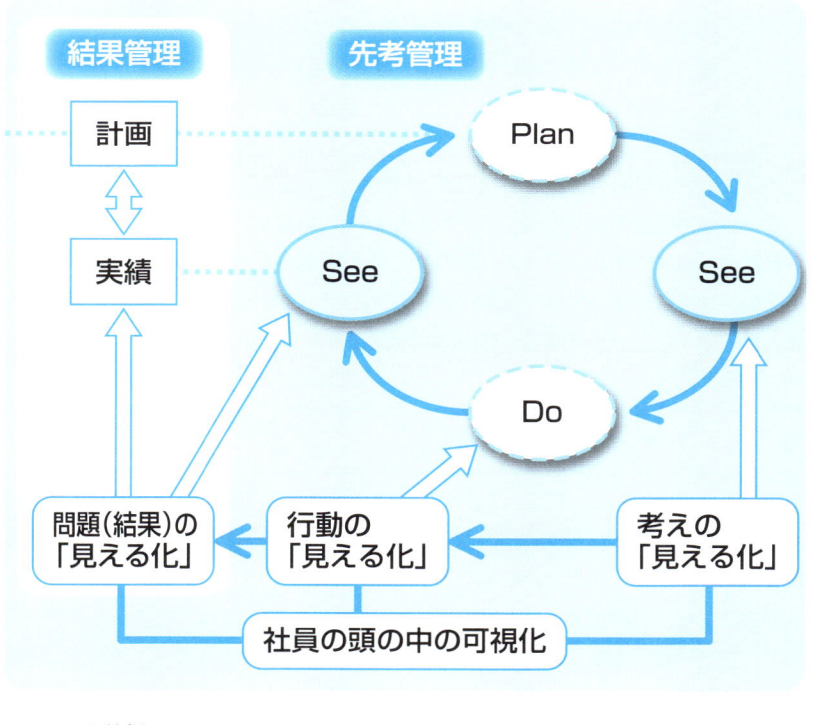

結果管理
計画 ⇅ 実績

先考管理
Plan → See → Do → See → Plan

- 問題（結果）の「見える化」
- 行動の「見える化」
- 考えの「見える化」

社員の頭の中の可視化

◆前提
- 目に見えない考え（目的、推察、次回予定など）を組織的に指導しなければ、部下の行動や結果は変わらない。
- 部下の考えを把握するためには、日報に自分の考えを書かせることが必要である。

PART 2　「見える化」でもたらされる経営のメリット

2-5 経営の視点を持って、自律的・自発的に仕事に取り組む人材が育成される

頭の中の"工場"を動かせるのは本人しかいない

　20世紀に付加価値を生む場所は、実際に製品を生産する工場でした。これまでは、経営者が工場を動かしていたので、経営者だけが経営を見ていれば何とかなりました。

　しかし21世紀になって、付加価値を生む場所は、社員の頭の中へと大きくシフトしました。頭の中の"工場"を動かすのは、ほかでもない社員本人です。自らが経営の視点を持って工場を動かさなければ、うまく稼働しません（社員の頭の中の可視化）。

　社員一人ひとりが経営の視点を持って、自律的かつ自発的に仕事に取り組むためには、ビジョンや戦略をよく理解し、それを日々の仕事に結びつけていくことが大切です。経営の「見える化」にとって、このことは大変重要なテーマです。

　作業の大きな流れとしては、長期ビジョンを描き、そのビジョンを中期経営計画や年度方針に落とし込み、最終的には具体的な現場のアクションプランにまで落とし込んでいきます。

アクションプランが果たす役割

　アクションプランとは、ビジョンや戦略を実現するための具体策に数値指標（目標値）を設けたものです。しかし、こうしたプランに沿って仕事を進めても、目標値と実際の数値とでギャップが生まれることがあります。

　大切なことは、そのギャップが誰の目にもはっきりわかるようにすることです。このギャップが明確になることで、そこに正しい問題意識が生まれます。そして、その問題意識が創意工夫を生み、新たな行動を生み出していくのです（行動の変化は、IT日報システムなどを使って容易にチェックすることができます）。

　こうした日々の活動状況をチェックするための現場情報の可視化というしくみを持つことで、次のようなことを防ぐことができます。

① **ビジョンや中期経営計画や年度方針が単なるお題目となってしまうこと。**
② **成果が得られたかどうかをチェックするだけの結果管理のマネジメントに陥ってしまうこと。**
③ **現場の社員が経営に対して無関心になってしまうこと。**

モチベートされたリーダーシップが主役

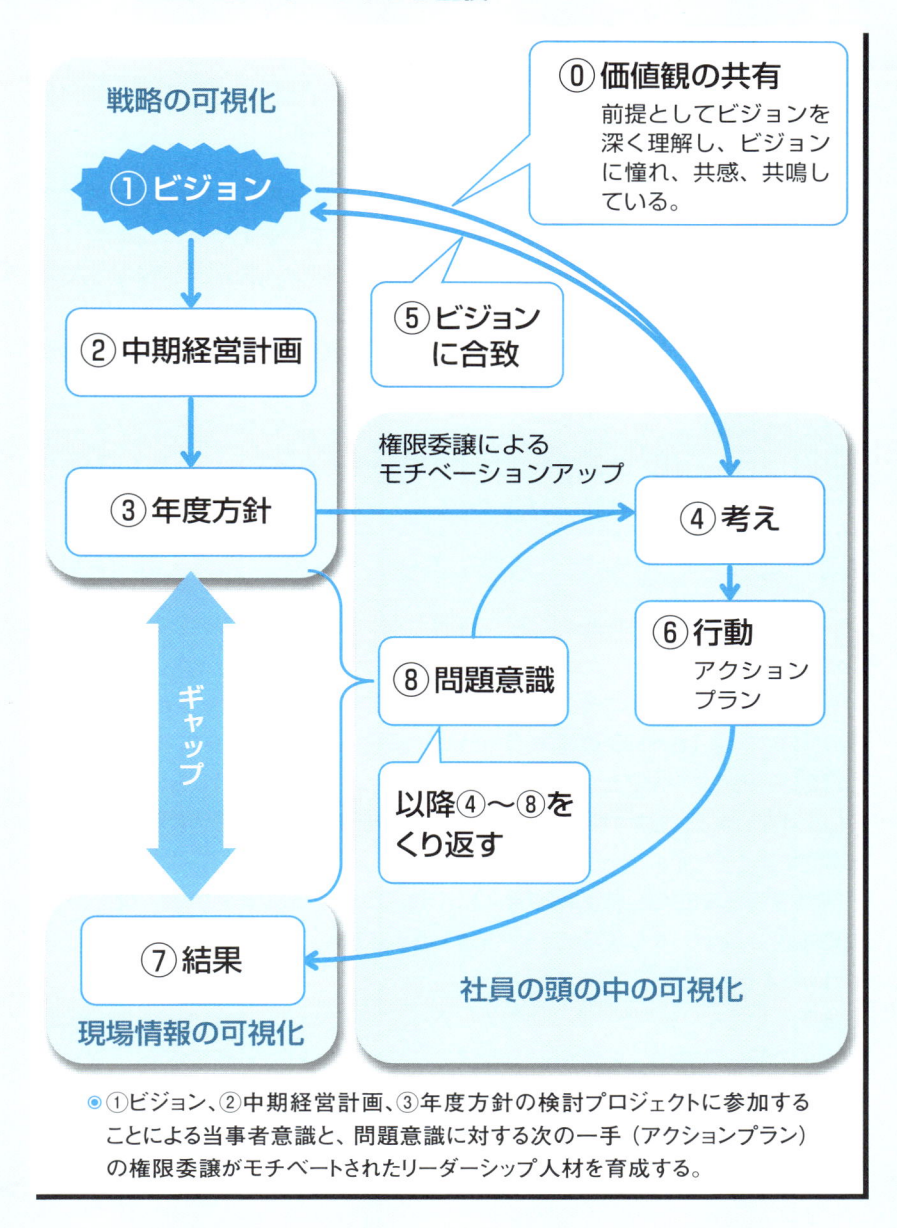

戦略の可視化

- ① ビジョン
- ② 中期経営計画
- ③ 年度方針

⓪ 価値観の共有
前提としてビジョンを深く理解し、ビジョンに憧れ、共感、共鳴している。

⑤ ビジョンに合致

権限委譲によるモチベーションアップ

- ④ 考え
- ⑥ 行動　アクションプラン
- ⑧ 問題意識
- 以降④〜⑧をくり返す

社員の頭の中の可視化

③年度方針 ←ギャップ→ ⑦結果

現場情報の可視化

- ①ビジョン、②中期経営計画、③年度方針の検討プロジェクトに参加することによる当事者意識と、問題意識に対する次の一手（アクションプラン）の権限委譲がモチベートされたリーダーシップ人材を育成する。

PART 2　「見える化」でもたらされる経営のメリット

2-6 経営者・マネジャー・現場担当者の意思決定スピードが向上

組織全体に張りめぐらされる情報伝達システム

　経営の「見える化」は、現場の情報を経営トップをはじめとする意思決定者にスピーディにフィードバックすることを目的のひとつとしています。だから、経営の「見える化」の現場情報の可視化が進むと、情報伝達システムが人間の神経網のように組織全体に張りめぐらされるようになります。

　経営者にかぎらず、マネジャーも現場担当者も、立場は違っても限られた時間と限られた情報のなかで、それぞれが担ったことに対してスピーディに意思決定していかなければなりません。

　しかしそのためには、単に目標値に対する現場からの実績値という定量的な情報だけでなく、定性的な現場情報も欠かせないものとなります。

意思決定のポイントは定性情報にあり

　たとえばあなたが、月末近くに今月の営業1課の業績について報告を受けた営業部長だとしましょう。

　もし、「営業1課の今月の売上目標1.2億円、売上実績1億円」という目標値と実績値の情報の報告（**右ページの報告②**）だけだったら、どうしますか？　単に「月末まで気合いと根性でがんばれ」とハッパをかけて終わりにしますか？　ふつうは、何か打つ手はないかと、営業1課の課長を呼んで、2,000万円未達状況や考えられる原因を質問するはずです。

　「提案書提出率50％、受注率20％」という商談のプロセス情報の報告（**右ページの報告③**）もあり、少し状況が見えてきました。しかし、すぐに次の手が打てるほどではありません。

　結局のところ、あらかじめ決めておいたチェックポイントの目標値と実績値のギャップである問題の「見える化」に加えて、問題の原因となる顧客の反応や競合情報、営業担当者の推察などの定性情報（**右ページの報告④**）が必要となるのです。

　現場情報の可視化に取り組むことで、定量情報だけにとどまらず、こうした定性情報もフィードバックすることができるようになって、スピーディな意思決定が可能になります。

正しい意思決定をスピーディにするために

例:「今月の営業1課の業績」についての報告

報告①「売上実績1億円」

問題意識すらない。

実績

報告②「売上実績1億円、目標1.2億円」

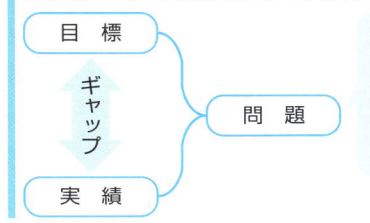

目標 — ギャップ — 実績 → 問題

目標と実績のギャップが問題。問題意識が芽生える。

報告③「売上実績1億円、目標1.2億円、提案書提出率50%、受注率20%」

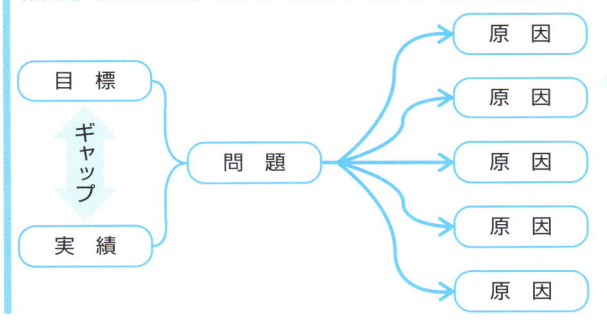

目標 — ギャップ — 実績 → 問題 → 原因 / 原因 / 原因 / 原因 / 原因

問題を引き起こしている原因のいくつかが、定量情報として見える化している。

報告④「売上実績1億円、目標1.2億円、提案書提出率50%、受注率20%」
「顧客、競合などの定性情報」

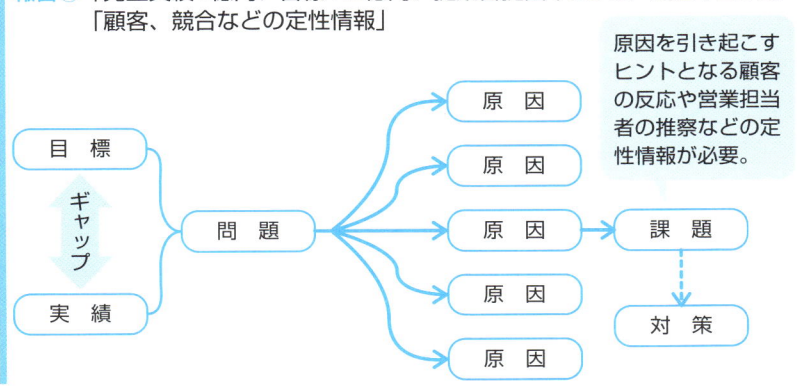

目標 — ギャップ — 実績 → 問題 → 原因 / 原因 / 原因 → 課題 ⇢ 対策 / 原因 / 原因

原因を引き起こすヒントとなる顧客の反応や営業担当者の推察などの定性情報が必要。

PART 2 「見える化」でもたらされる経営のメリット

2-7 多様化、高度化する顧客ニーズへの組織対応力が強化される

営業現場は個人戦では戦えない時代に

　かつての"がんばれば売れた"時代には、現場担当者の商品知識とフットワークの軽さという属人的な能力で何とか顧客に対応することができました。

　しかし、顧客のニーズは、十人十色、一人十色といわれるほど多様化しています。そして、その多様化した顧客ニーズの内容もどんどん高度化して、顧客自身が自分のニーズを的確にいい表せないほどです。こうした多様化し高度化する顧客ニーズに応えるために課題解決力が求められています。もはや、現場担当者の個人戦で対応できる範囲を超えてしまったのです。

　であれば、組織全体の団体戦で対応していくしかありません。また、顧客ニーズが多様化、高度化すればするほど、自社だけで対応することがむずかしくなってきます。これまでつき合ったことのない異業種との連携や携帯電話のナンバーポータビリティのように競合他社との仕様の共通化による相互乗り入れなどがますます盛んになってきます。

顧客ニーズに対応するための社内業務の標準化

　これからますます複雑化する顧客ニーズの把握や顧客ニーズの対応において、組織全体あるいは組織の枠を超えた対応力を求められるようになってきます。

　顧客への組織的な対応のためには、関係者全員で顧客のこれまでのやり取り履歴や商談情報を共有し、いつでも活用できることが必要になってきます。

　顧客ニーズに組織的に対応するためには、以下の点を強化する必要があります。

　① **社内業務の標準化。**
　② **顧客情報をはじめとする情報共有のための運用ルールの徹底。**
　③ **顧客ニーズの蓄積による情報の活用力の向上。**

　前述したように、経営の「見える化」は、顧客ニーズに対応するため、組織的に社内業務を標準化し、現場の活動実態を「見える化」し、問題があれば改善しながら目標を達成していくしくみです。

　そして、とくに顧客の可視化の取り組みを通じて、多様化する顧客ニーズの把握と高度化した顧客ニーズへの対応を組織的に進めることが可能になります。

市場環境の変化で組織の対応スタイルが変わった

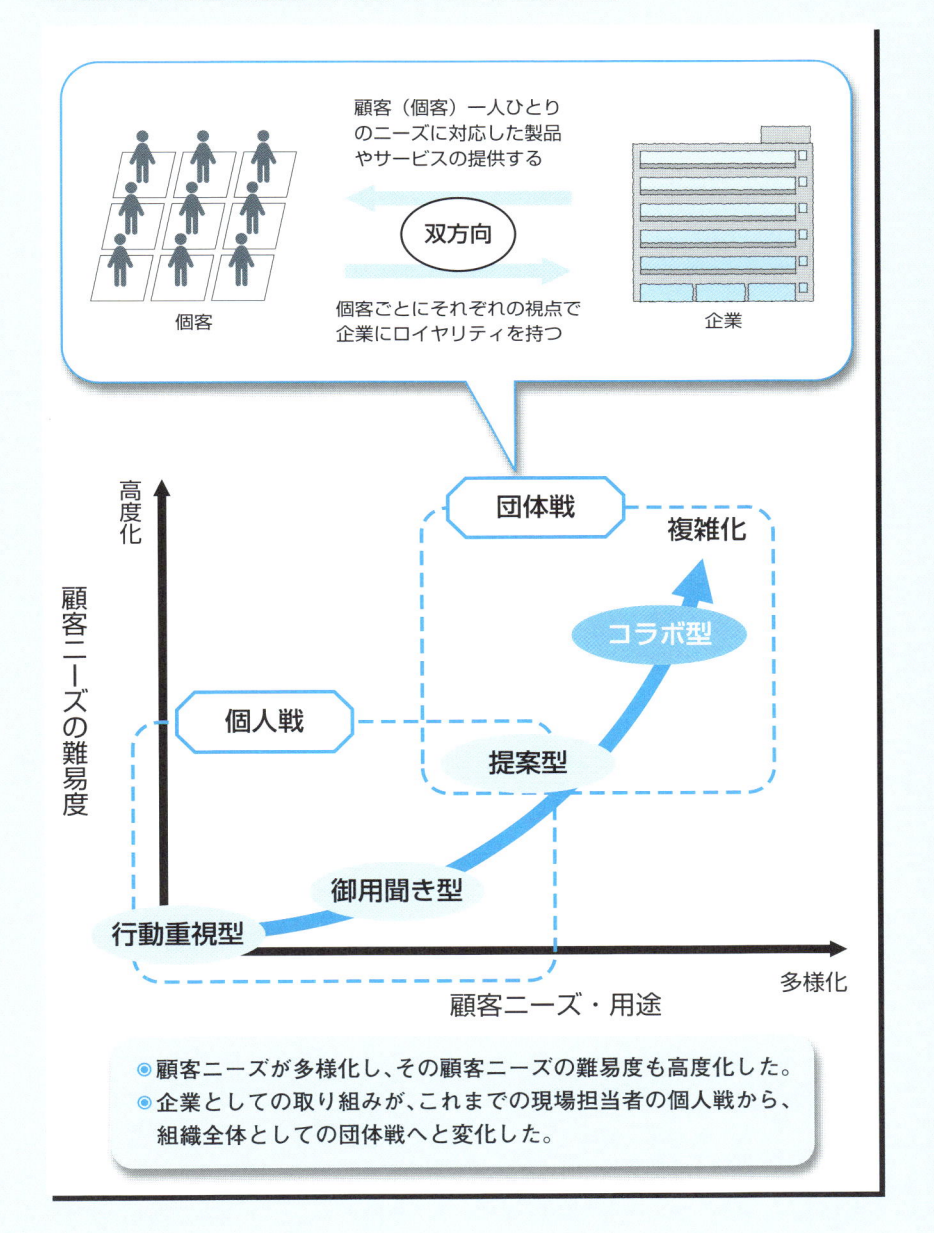

顧客（個客）一人ひとりのニーズに対応した製品やサービスの提供する

双方向

個客ごとにそれぞれの視点で企業にロイヤリティを持つ

個客　　　　　　　　　　　　　　企業

縦軸：顧客ニーズの難易度（高度化）
横軸：顧客ニーズ・用途（多様化）

- 行動重視型
- 御用聞き型
- 提案型
- コラボ型

個人戦 → 団体戦（複雑化）

- 顧客ニーズが多様化し、その顧客ニーズの難易度も高度化した。
- 企業としての取り組みが、これまでの現場担当者の個人戦から、組織全体としての団体戦へと変化した。

PART 2 「見える化」でもたらされる経営のメリット

2-8 顧客情報やマーケット情報が蓄積され、「顧客のダム」ができる

顧客情報で顧客の判断基準を知る

　内容はともかく、受注した顧客の情報は、どの会社でも管理しています。しかし、失注した顧客の情報まで管理している会社は、意外に少ないのです。そのときは、購入していただけなくても、顧客情報さえ蓄積しておけば（「顧客のダム化」といいます）、次回の買換えや新製品の提案のために役立つはずです。

　顧客との商談開始から、受注か失注に至るまでのやり取りを欠かすことなくIT日報システムに登録していれば、受注先の顧客情報だけ残っていて、失注先の顧客情報が残ってないということは、ありえない話です。

　そもそも顧客を可視化するのは、顧客を知るためです。「顧客を知る」ということは、顧客の判断基準や利害得失基準を知るということです。そのためには、顧客のプロフィールから顧客とのやり取り、顧客の反応とその際の営業担当者の推察や次回の行動予定などの履歴、競合情報、マーケット情報、クレームや要望と対応履歴、発生案件や物件の状況、納入した製品や機器の情報、キーマンや面談者情報など、さまざまな情報が必要となります。顧客の可視化が進むと、これらの情報がIT日報システムに蓄積され、全社員で共有できるようになるのです。

「視・観・察」の3つの視点で顧客を可視化する

　見えないものを見ようとするときに、参考となるのが『論語』の次の一節です。
「子曰く、其の以す所を視、其の由る所を観、其の安んずる所を察すれば、人焉くんぞ廋さんや、人焉くんぞ廋さんや」

　この「視・観・察」の3つの視点がそろってこそ、見えない顧客を可視化したことになるのです。

- 『視』：まず人物や物事を評価するには、その行為をありのままに見ること。
　⇒顧客と面談すること。
- 『観』：その人物や物事を表面的な行為だけで判断するのは早計で、その行為に至った経緯を観ること。⇒これまでの履歴情報や営業担当者の推察から顧客の判断基準を把握すること。
- 『察』：その人物や物事の真意、狙い、本音を察すること。⇒顧客の反応や競合の動きから営業担当者が推察すること。

IT日報システムは、顧客をダム化し釣り上げるしくみ

既存客　失注客　接触客

IT日報システムでダムに蓄積

顧客（情報）のダム化

❖顧客情報とは
- 顧客プロフィール
- 顧客とのやり取り履歴
- 顧客の反応
- 営業担当者の推察、次回予定
- 競合情報
- マーケット情報
- クレームや要望と対応履歴
- 発生案件や物件の状況
- 納入した製品や機器の情報
- キーマンや面談情報など

買換客　追加購入客　見込客

IT日報システムの蓄積情報を活用

視　観　察　で
タイミングよく
　　釣り上げる

- マーケット縮小時代には、一度つかんだ顧客は、離すことのないように顧客情報を囲い込む。
- 一度接触のあった顧客や失注客も、次回の商談までは、見込み客として顧客情報を管理して、タイミングを待つ。

PART 2　「見える化」でもたらされる経営のメリット

2-9 想定外のクレームやトラブルを「見える化」することができる

対応次第でクレームは宝の山となる

　クレームやトラブル発生後に求められるのは、一に対応スピード、二に対応の誠実さ、三に対応の内容だそうです。クレーム対応を当事者だけに任せるのではなく、顧客満足のための全社的な取り組みとして対応する必要があります。

　ある調査では、商品やサービスに対して不満を抱いてクレームをいう人は4割で、残りの6割の人がクレームをいわずに黙っています。クレームをいった人で、対応に満足した人の再購入率は82％で、対応に時間がかかった場合は50％になります。

　また、対応に不満を抱くと、もう二度と買わないという報告があります。さらに、良い評判は、ひとりの購入者が5人に、悪い評判は10人に話すといわれています。

　このように、クレームやトラブルの「見える化」による顧客への対応力向上は、単に既存顧客の離反を防ぐばかりでなく、好意的な口コミや新規顧客の紹介などにも寄与します。まさしくクレームは、対応しだいで宝の山となるのです。

「見える化」で想定外のクレームにも対処

　顧客の可視化を進めると、現場の仕事の進め方や現場の出来事までもが、タイムリーに「見える化」されるので、想定外のクレームやトラブルも吸い上げられ「見える化」されるようになります。多くの場合、想定外のクレームやトラブルは、当事者やその上司だけの情報として埋没してしまいがちです。

　あらかじめ想定されたクレームやトラブルについては、多くの会社が専用のしくみや対応方法を持っています。一方、想定外のクレームやトラブルについては、IT日報システムに潜在的なクレームやトラブルとして蓄積することで、当事者がクレームともトラブルとも思わないことでも、何か新しい事象が発生すればIT日報システムに記入しておけばよいのです。それを立場の違う人が見れば、問題意識のアンテナに引っかかってくれるのです。

　顧客ニーズの変化は、現場のほんの些細な違和感によってキャッチされます。顧客の可視化によるニュアンス情報の収集で想定外のクレームやトラブルを「見える化」し、顧客対応力の向上を図ることができるのです。

想定外のクレームやトラブルを「見える化」する

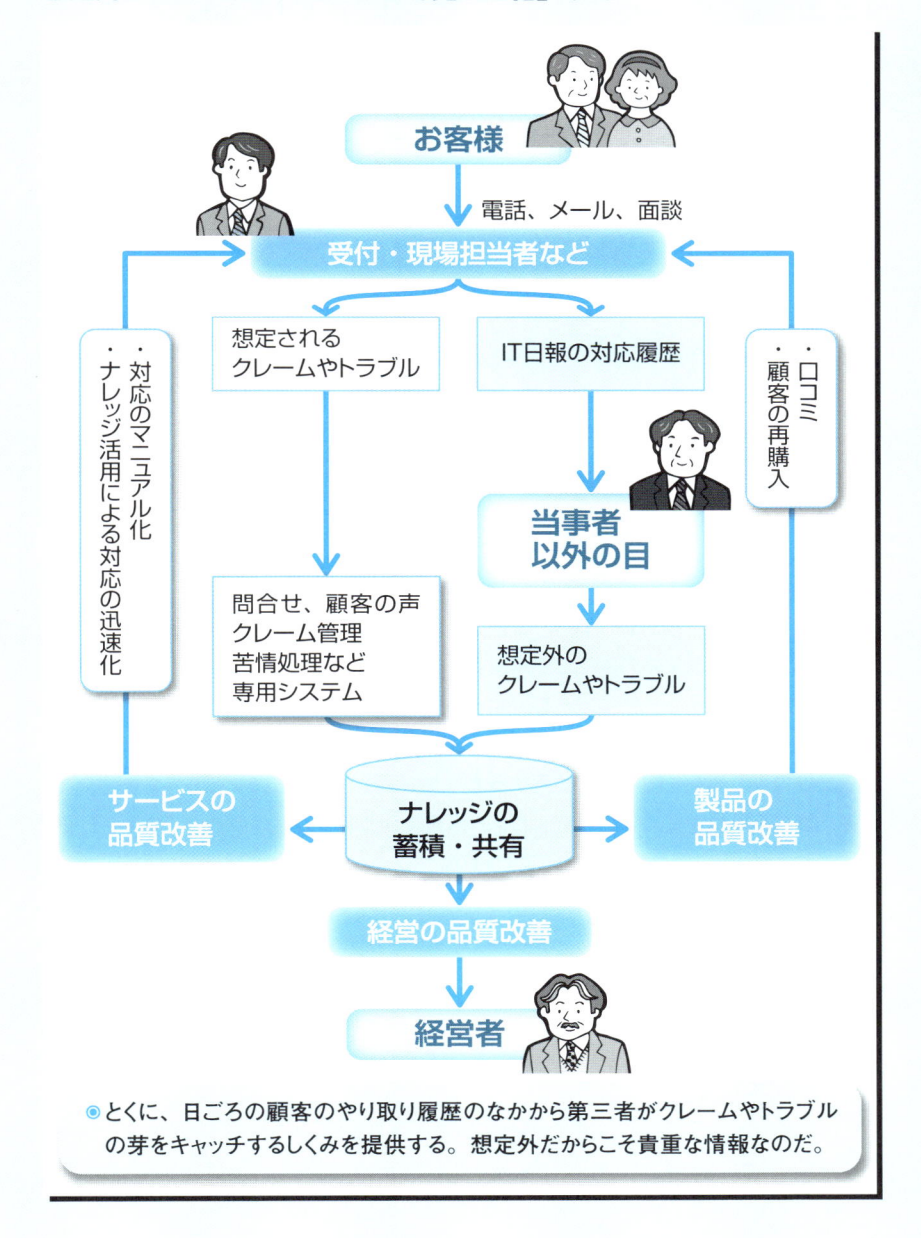

```
                    お客様
                      │ 電話、メール、面談
                      ▼
         ┌──→ 受付・現場担当者など ←──┐
         │         │      │            │
         │    ┌────┘      └────┐       │
・対応のマニュアル化  想定される    IT日報の対応履歴   ・口コミ
・ナレッジ活用による  クレームやトラブル                ・顧客の再購入
 対応の迅速化       │            │
         │         │            ▼
         │         │        当事者
         │         │        以外の目
         │         ▼            │
         │    問合せ、顧客の声    ▼
         │    クレーム管理     想定外の
         │    苦情処理など     クレームやトラブル
         │    専用システム        │
         │         │            │
         ▼         ▼            ▼
    サービスの  ← ナレッジの →  製品の
    品質改善      蓄積・共有      品質改善
                    │
                    ▼
              経営の品質改善
                    │
                    ▼
                 経営者
```

● とくに、日ごろの顧客のやり取り履歴のなかから第三者がクレームやトラブルの芽をキャッチするしくみを提供する。想定外だからこそ貴重な情報なのだ。

2-10 業務の進め方や仕事のノウハウなどのナレッジを蓄積できる

マニュアルが通用しない業務は日常のなかで学んでいく

　電話の取り次ぎ方や受注処理、交通費精算、請求書発行のような定型業務は、先輩から手とり足とり教えてもらったり、業務マニュアルを読んだりすれば、比較的容易に習得できるスキルです。

　しかし、いま求められているのは、新たな戦略や業務にチャレンジするために必要な非定型な業務スキルなのです。こうした業務は、創造的であるがゆえに進め方もケースバイケースで、定型業務のように業務マニュアルを作成することはむずかしいのです。苦労して業務マニュアルを作成したとしても、ほとんどメンテナンスされずに時代にそぐわないものになってしまいます。残念ながら日々の業務を通して試行錯誤しながら、身をもって学んでいくしかなさそうです。

IT日報システムに蓄積された情報が、生きた業務マニュアル

　しかし、日々の業務を通じて得た貴重な経験や知恵や失敗談なども、部門間や他拠点で共有することは意味のあることです。非定型業務にかかわる情報は、陳腐化が激しいため鮮度も要求されます。もしかすると、先月収集した情報すら活用できるかどうかわかりません。ですから、以前に一度情報を収集したからOKというのではなく、毎日コツコツと情報を収集し、蓄積するような取り組みが必要になってきます。

　部門間の可視化を進めることで、わざわざ業務マニュアルを作成しなくても、IT日報システムに、顧客とのやり取り、顧客からのクレームや要望に対する対応履歴、マーケットの反応、競合情報、社内での評価やアドバイスなどが、蓄積されるようになります。

　その蓄積したIT日報システムの情報を組織全体で共有することにより、多くの疑似体験から学ぶことができるのです。これこそが生きた業務マニュアルであり、非定型業務スキルの向上を強力にサポートしてくれるものとなります。

IT日報システム活用による生きた業務マニュアル

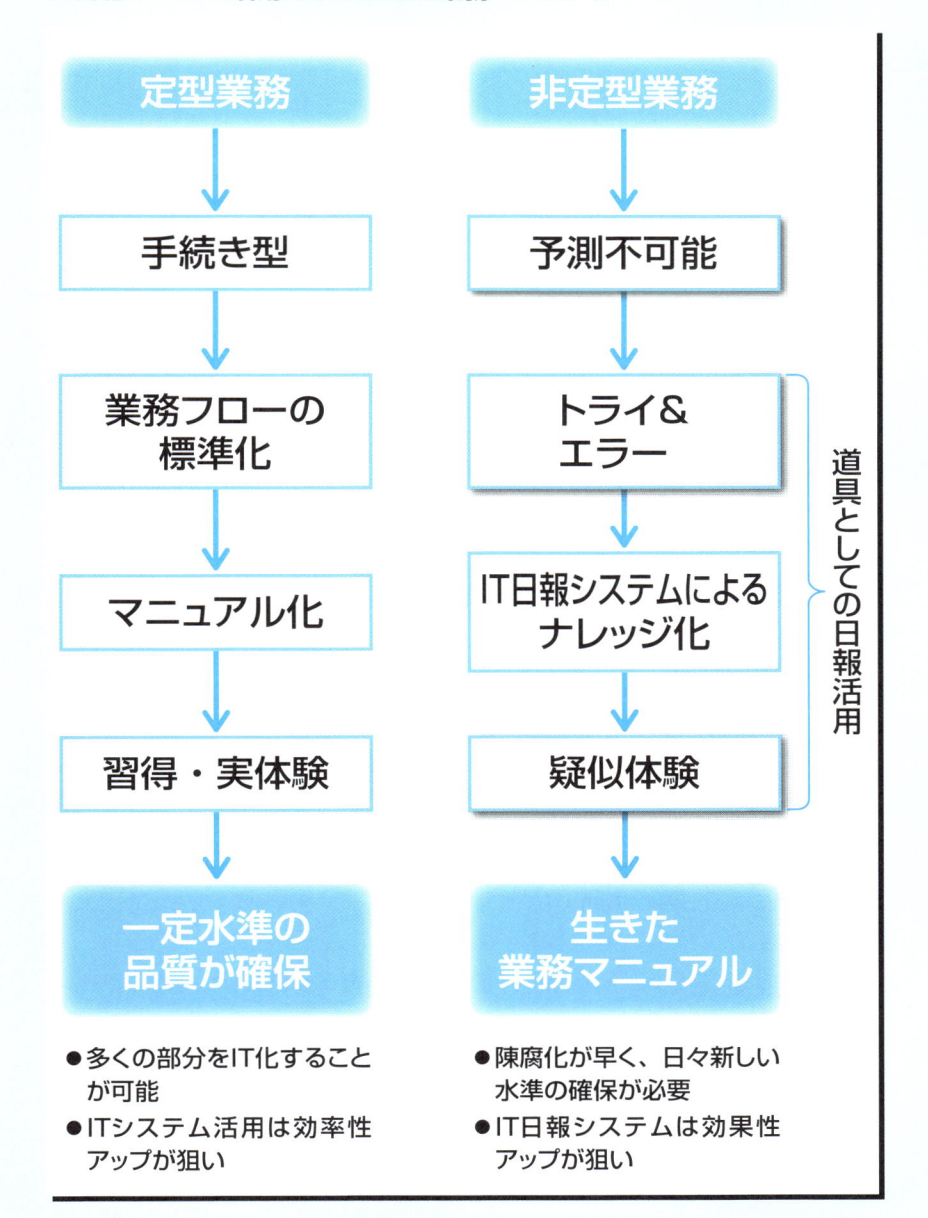

```
   定型業務                非定型業務
      ↓                      ↓
   手続き型                 予測不可能
      ↓                      ↓
  業務フローの              トライ＆
   標準化                   エラー
      ↓                      ↓        ┐
  マニュアル化         IT日報システムによる
                         ナレッジ化       │ 道具としての日報活用
      ↓                      ↓        │
  習得・実体験              疑似体験      ┘
      ↓                      ↓
   一定水準の               生きた
   品質が確保              業務マニュアル
```

- 多くの部分をIT化することが可能
- ITシステム活用は効率性アップが狙い

- 陳腐化が早く、日々新しい水準の確保が必要
- IT日報システムは効果性アップが狙い

2-11 社員の思考力を日々訓練していくことができる

IT日報システムで思考訓練の環境をつくる

　PART1-16で日報の成長過程の話をしました。日報を日々書くことで思考訓練ができるのです。若手営業マンが毎日書く日報の成長過程の第3段階「計画書日報」に対して、上司や先輩営業マンからアドバイスを受けながら思考訓練するのです。手順は以下のとおりです。

① 日報に営業マン本人の行動を記入します。……主語は本人になります。
（ちなみに、この記入で終わると、日報の成長過程の第一段階の「報告書日報」となります）
② 商談相手の反応を記入します。……主語は顧客になります。
③ ①と②の事実を踏まえて、営業マン本人の推察を記入します。
④ 営業マン本人が次回予定（①と②の事実と③の推察から生まれた考えや行動）を記入します。
⑤ 日報を上司や先輩に回覧します。
⑥ 上司や先輩が①から④の内容を確認しながらアドバイスを記入します。
⑦ 営業マンが次回の訪問前までに上司や先輩からの⑥アドバイスを確認します。

考えをまとめるには、考えを体外に出す必要がある

　人と会話することによって考えが整理されたり、新しいアイデアがひらめいたり、自分で話して自分で気づくような経験をしたことはありませんか。これを「自己分泌」といって以下の効果が期待できます。

① **自分自身の言葉は、誰の言葉より説得力がある。**
② **誰かに話をすると、新しい気づきがあったり考えがまとまったりする。**
③ **自分で決めたことは、行動につながる。そして、持続しやすい。**

　要するに、考えは頭の中で考えているだけでなく、誰かに話をするとか、日報を書くとかして、体の外に一度吐き出す必要があるのです。そうして自己認識するのです。
　上のような手順でIT日報システムを運用し、④営業マンの「考え」を書くことで、自然と思考訓練ができるのです。そして、それをコツコツ毎日積み上げることが大差を生むのです。さしずめIT日報システムは、社員の頭脳工場を鍛え上げる"思考訓練養成ギブス"なのです。

IT日報は、"思考訓練養成ギブス"

①営業マンの活動（事実）⇒主語は、営業マン

②顧客や競合の反応⇒主語は、面談者、競合名

＋

③営業マンの五感で推察⇒主語は、営業マン

⇩

④次回予定で思考訓練（考え⇒行動⇒結果）

⑤日報通知　　回覧　　⑦コメント通知

⑥営業マンの考えを知るから上司や先輩が的確なアドバイス

- IT日報を①〜⑦の手順で運用することで、思考訓練となる。

会話　話し手　自己分泌
聴き手

- 話し手は、聴き手に話したことを、自分自身でも聴き、そのなかから新しい気づきやアイデアを得ることがある。
  その働きを「自己分泌」という。
- 次善の策として、日報などに自分の考えを書くことが思考力を高める。

2-12 社員に対する公平公正な評価が可能になる

結果だけを見た評価では不満が残る

　経営の成果は「内部要因×外部環境」から得ることができます。このうち内部要因は「戦略策定×戦略遂行」に分解することができます。外部環境は、好景気、不景気など地域や業界全体に吹く風で、自社で直接コントロールすることがむずかしい要因です。

　戦略をしっかり立て、社員一丸となってがんばっても不況で業績が下がることもあるでしょう。しかしだからといって不況を恨んでも、何も状況は変わりません。かえって会社の雰囲気が悪くなるだけです。

　外部環境が厳しいときこそ、自社で取り組むことのできる内部要因に目を向けて、来たるべきときに備えておく必要があります。

　そして社員の評価も、単に経営の成果、すなわち内部要因と外部環境からもたらされる最終成果という結果評価だけでなく、その結果をもたらす戦略の実行度合いにも目を向けることが大切です。

成果に至るまでのプロセスも見られるしくみが必要

　前述したように、マネジメントスタイルをプロセスに目を向けた先考管理にシフトしても、上司の公正さを欠く裁量やこれまでと変わることのない結果による評価では、経営の成果が得られないばかりでなく、社員からの不満や不信をまねき、結局これまでの結果管理によるマネジメントに逆戻りしかねません。

　とかく結果オーライの評価になりがちな人事評価制度を廃して、経営の成果とそれに至るまでのプロセスの両方をバランスよく見て、公平公正に評価することができるしくみが必要になります。

　それは、誰がどう工夫して、どうがんばって、どう苦労したのか、戦略に対する社員の日々の取り組みや社員の頭の中の考えを可視化することでもあります。これらの情報を、現場情報の可視化のモニタリングシステムであるIT日報システムに蓄積することで、プロセスによる評価が可能になります。

これからの人事評価のあり方

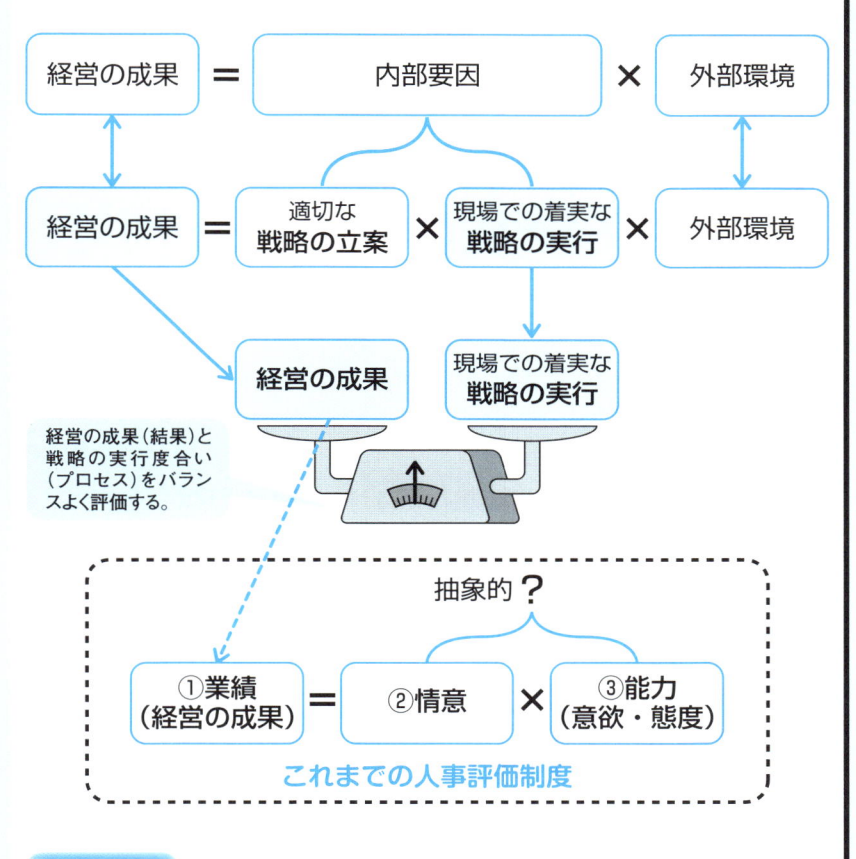

経営の成果 ＝ 内部要因 × 外部環境

経営の成果 ＝ 適切な戦略の立案 × 現場での着実な戦略の実行 × 外部環境

経営の成果（結果）と戦略の実行度合い（プロセス）をバランスよく評価する。

経営の成果 ⇔ 現場での着実な戦略の実行

抽象的？

①業績（経営の成果） ＝ ②情意 × ③能力（意欲・態度）

これまでの人事評価制度

ポイント

- 人事評価制度において業績だけの結果評価にならないこと。
- ②情意と③能力が、①業績をもたらすなかで、②情意と③能力が抽象的な基準の評価にならないこと。
- 戦略の実行度合い（プロセス）を日ごろから蓄積して評価に活用できること。

2-13 自社のビジョンに共感した人材を採用することができる

安定志向＝会社依存型ではないかと考える企業

　世相を反映して、就職市場の学生たちは相変わらず安定志向、すなわち大手志向です。右ページに中学生の会社選びの基準を紹介していますが、こうした傾向は当分続きそうです。

　しかし採用する会社側からすると、中学生が会社選びの基準として挙げている「職場環境」や「安定志向」を求める学生は、極端に嫌がられています。

　安定的な終身雇用は、会社がいろいろ与えてくれる環境だと思っていないか、会社依存型ではないかと考えるからです。どうしても、「安定志向」というと、「安定は会社が与えてくれるものであり、自分は何もしなくても安心した暮らしができる」というニュアンスに聞こえてしまうのです。

　いまの時代、絶対に大丈夫な会社なんてありません。これまで安定していても、これから先も安定しているという保証はありません。何しろ誰もが知っている大手企業が破たんする時代なのですから。

何をめざし、どう世の中に貢献するかを明らかにする

　大企業であろうと零細企業であろうとも、会社を支えているのは一人ひとりの社員であり、会社の安定的な成長は社員一人ひとりのやる気にかかっています。

　もちろん現在の会社の安定も大切ですが、安定や働きやすい職場環境は人から与えられるものではありません。自分自身が会社に積極的に貢献することで、会社の成長に寄与し、その結果として安定的な生活が送れるのです。

　企業としては、このような考え方に共感できる人材を採用する必要があります。

　そのために、採用活動において会社の現在の職場環境やこれまでの安定性を説くのではなく、戦略の可視化で作成した20年後の将来ビジョンや戦略をわかりやすいマップで示すことによって、自社が何をめざして、どう世の中に貢献するのかを採用の選考段階で明らかにすることです。

　そうすることで、会社の価値観に共鳴し、ビジョンに共感した人材を採用することが可能になります。

会社の価値観に共鳴しなければ、人は動かない

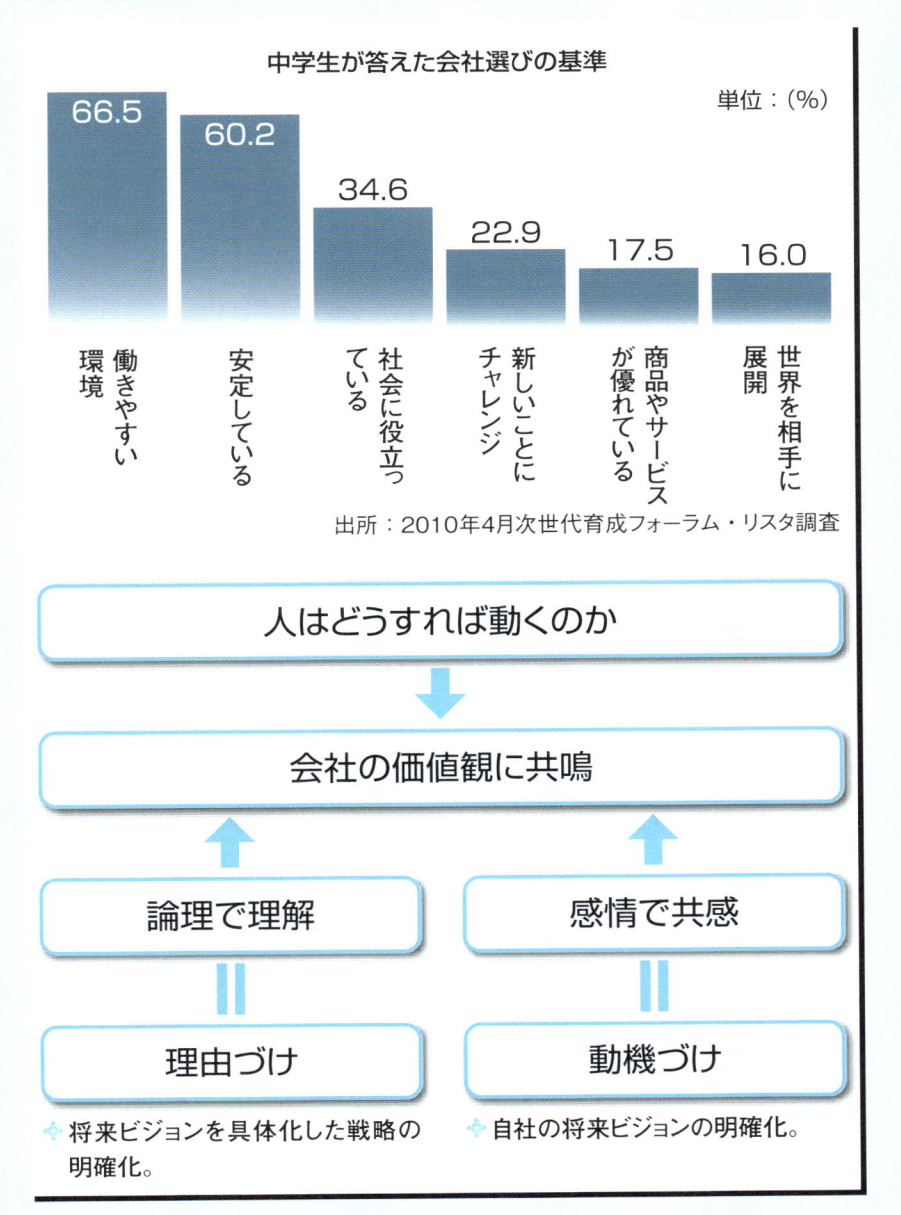

中学生が答えた会社選びの基準

単位：(%)

- 66.5　働きやすい環境
- 60.2　安定している
- 34.6　社会に役立っている
- 22.9　新しいことにチャレンジ
- 17.5　商品やサービスが優れている
- 16.0　世界を相手に展開

出所：2010年4月次世代育成フォーラム・リスタ調査

人はどうすれば動くのか
↓
会社の価値観に共鳴
↑　　　　　　↑
論理で理解　　感情で共感
＝　　　　　　＝
理由づけ　　　動機づけ

❖ 将来ビジョンを具体化した戦略の明確化。
❖ 自社の将来ビジョンの明確化。

PART 2　「見える化」でもたらされる経営のメリット

2-14 コンプライアンス、内部統制が徹底でき、不祥事を防げる

ポジティブ・リストに基づく仕事の仕方からの脱却

　企業コンプライアンス、内部統制など、さまざまな場面で企業の社会的責任が問われています。企業コンプライアンスや内部統制の基本は、社内の情報をガラス張りにしようということです。

　もし日々の現場の活動状況をオープンにしないで内部統制を進めようとすれば、①実行すべき業務を決めて、②その業務の作業手順を標準化し、③運用マニュアルを作成し、④その運用マニュアルに従って業務を進めることになります。

　これは、ポジティブ・リスト（原則すべてが禁止で、リストに掲載されていることだけOK）に基づいて仕事をするということで、がんばれば売れた時代に、上司が部下に対して指示命令型のマネジメントをしていたときの取り組みです。

経営の「見える化」で社会的責任を果たす

　経営の「見える化」は、先に定義したように自律協調型の組織運営手法ですから、社員一人ひとりが課題解決にあたって、何を（What）、どのように（How）するのか創意工夫しながらネガティブ・リスト（原則すべてがOKでリストに掲載されていることだけやってはならない）に基づいて仕事をします。

　明らかに法令に違反するようなことや反社会的な行為、倫理に反する行為などの法令遵守すべきことをネガティブ・リストに掲載して徹底するのです。しかし、それ以外はマニュアルでガチガチに手順を決めたり、手続きを固定化したりせず、臨機応変に対応できるようにしておくのです。

　そして、まったくの放任、放置状態にならぬように、業務の活動状況に関しては、IT日報システムで可視化するのです。要するに、現場情報の可視化を進めることで、①顧客の可視化（PART1-12参照）、②社員の頭の中の可視化（PART1-13参照）、③評価の可視化（PART1-15参照）、④部門間の可視化（PART1-16参照）が推進され、社内の不正業務、ミス、ヌケやモレなどが浮き彫りになり、企業コンプライアンス、内部統制を徹底することができます。

社会的責任の対応も自律協調的に

一般的なコンプライアンス、内部統制の考え方

ポジティブ・リスト

許可するものや与えられる権利などを列挙し、それ以外は原則禁止するという考え方でつくられた一覧表。

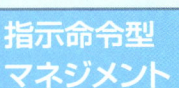

⬇

指示命令型マネジメント

＝

運用マニュアル活用

①実行すべき業務の決定
②その業務の作業手順を標準化
③運用マニュアルの作成
④運用マニュアルに従って業務遂行

経営の「見える化」のコンプライアンス、内部統制の考え方

ネガティブ・リスト

禁止されている対象を列挙し、それ以外は許可するという考え方でつくられた一覧表。

⬇

自律協調型マネジメント

＝

IT日報システムの活用

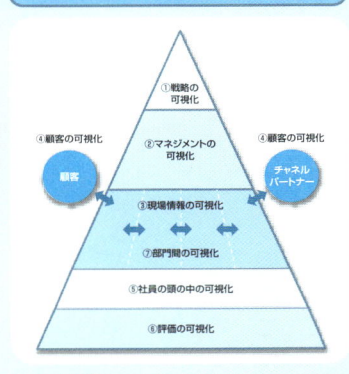

（ピラミッド図）
①戦略の可視化
②マネジメントの可視化
③現場情報の可視化
④顧客の可視化（顧客）
⑤顧客の可視化（チャネルパートナー）
⑦部門間の可視化
⑤社員の頭の中の可視化
⑥評価の可視化

❖ IT日報システムにより7つの可視化を実現し顧客とのやりとり情報、社内情報をガラス張りにする。

PART 3

ビジョンや戦略、マネジメントを「見える化」する

3-1 プロジェクトチームを立ち上げて、まず経営理念と使命の確認を

プロジェクトチームの中核は30歳前後で

　経営の「見える化」の第一段階は、「戦略の可視化」です。先に説明したとおり、この段階は次の3つのステップを踏みます。

　Step 1　経営理念・使命を再確認する
　Step 2　20年後の将来ビジョンを描く
　Step 3　ビジョン、戦略、戦術をマップ化する

　まず、20年後の将来ビジョンを検討するためのビジョン「見える化」プロジェクトを立ち上げます。メンバー選出にあたっては、各部門から1名ずつ代表者を割り当てるようなやり方ではなく、20年後に自社の中核を担う30歳前後のリーダーシップ人材を10名程度集めましょう。

　リーダーシップ人材とは、マインドとスキルの両方が高い社員のことで、全社員の5％くらいしかいない貴重な人材です。マインドとは、仕事に対する意欲や姿勢が前向きな人間力であり、スキルとは、自分に与えられた仕事を行うための専門的能力や仕事と人をマネジメントする能力などを身につけた仕事力のことです。

　「このようなマインド高でスキル高の人材が、社内に10名もいたら苦労しない」という声が聞こえてきそうですが、これからリーダーシップ人材として育てたいという候補者でもかまいませんので、思い切って人選してみましょう。

経営理念や使命の言葉を単語に分解して吟味する

　プロジェクトチームのメンバーが決まったら、これからの検討がかみ合わなかったり、ブレたりしないように、「そもそも会社がめざすゴールがどこなのか。なぜそのゴールをめざすのか」といった根本をメンバー全員で共有しておきましょう。会社の将来について自由闊達に討議を進めていくための重要なポイントになります。

　会社がめざすゴールを共有するためには、はじめに自社の**経営理念**や**使命**を再確認することです。ただ単に経営理念の字面を追うだけでなく、右ページのようにワークシートを使って、経営理念をいくつかの単語に分解し、その言葉の意味するところを吟味するのです。そうすることで会社のめざすゴールイメージがより鮮明に見えてくるはずです。

自社の経営理念・使命を再確認する

❖ 経営理念の定義

I 企業の目的
最終的に到達したい、実現したいと思う夢を描いたもの

II 企業の価値観
どのようなことに値打ちや意義を認めるか宣言したもの

III 企業の理想
組織として考えうる最善の状態を言い表したもの

IV 企業の規範
事業を行ったり、決めたりするときの拠りどころとなるもの

経営理念とは、時代を超えて存在するもの

❖ 経営理念に類するもの

経営信条・ゴール・経営方針・行動規範・経営哲学・経営理念・ミッション・社是・社訓・クレド

❖ 使命（ミッション）の定義

I どのような人（誰）に利益を提供するのか

II どのような利益（何）を提供するのか

III どのように（方法）して利益を提供するのか

使命とは、ターゲットの利益に貢献すること

日用雑貨卸の経営理念の分解（例）

《経営理念・サブステートメント展開シート》　作成日：2011.1.8　作成者：SST

(A) 経営理念に該当するタイトルをここに入力してください。
　　基本理念

(B) 経営理念の内容をここに入力してください。
　　私たちは、新しいライフスタイルを提案し、人々の生活環境の向上に貢献します。

No.	メインステートメント		サブステートメント	
①	私たち	とは	非営業部門を含めた、当社の全社員（パートさんも含む）	のことである。
②	新しいライフスタイル		21世紀の共通認識である、I.少子高齢化、II.モノ余り、III.環境を配慮した生活	
③	提案		上記3つのテーマを、利便、デザイン、色、製品ラインナップなどでトータルコーディネート	
④	人々の生活環境の向上		安心・安全な商品を、適正価格で安定的に供給し生活に潤いや癒しを提供する	

PART 3　ビジョンや戦略、マネジメントを「見える化」する

3-2 全社員一丸となって前進できる会社の将来ビジョンを考える

経営理念とビジョンはどう違うか

　日本の年間の企業倒産件数は、約1万6,000件。1時間に2社弱がこの世から姿を消す勘定になります。これまで何とか生き残ってきたとしても、これから先も同じように生き残っていける保証などどこにもない、それほど厳しい環境に私たちは置かれています。

　先が読めないこんなときだからこそ、自分たちの会社がこれからどこへ向かおうとしているのか、**ビジョン**を明らかにする（会社の将来の「見える化」）ことが求められています。

　さて、前項で確認した経営理念と、このビジョンはどう違うのでしょうか。この2つの言葉をしっかり理解している人は意外に少ないようです。

　経営理念は、会社の究極の目的であり、時代が変わっても不動の、いわば天空に輝く北極星のようなものです。

　はるか遠くで輝く北極星を迷わずめざすには、道中の要所に目印となる道標（みちしるべ：マイルストーン）が必要となります。この道標がビジョンなのです。

　ビジョンは、経営理念と違って目的（地）までの通過点ですから、市場環境の変化に対応できる柔軟さが求められます。

「ありたい姿」と「なすべきこと」を宣言

　ビジョンは、自分たちがこれからどういう存在（be）で勝ち残っていきたいのかという**「ありたい姿」**を宣言するところから始まります。この時点では、ワクワクするような夢のレベルでかまいません。

　次に、この夢をいつまでに実現するのか、夢に期限を設けることで目標とします。そしてこの目標を実現するために必要な行動（do）を**「なすべきこと」**として具体的な行動レベルにまで落とし込んでいきます。

　この「ありたい姿」と「なすべきこと」に、**実現するまでの期限**を設けて宣言したものがビジョンとなります。

　そして、ビジョンとは経営理念の具体化であり、その内容は市場環境に見合ったものでなければなりません。だから、ビジョンが経営理念と整合がとれているかどうかを、よくチェックしておく必要があります。

ビジョンとは、会社の将来の「見える化」

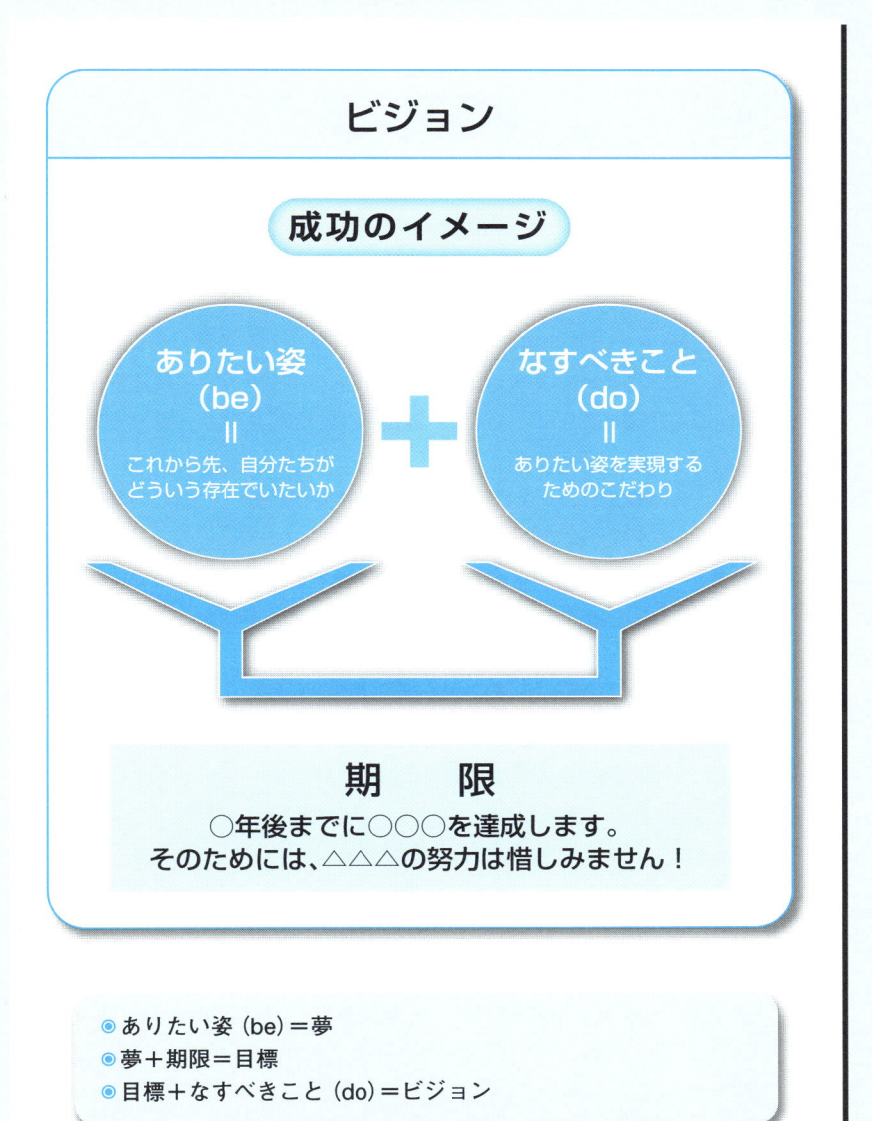

ビジョン

成功のイメージ

- **ありたい姿（be）**
  ＝
  これから先、自分たちがどういう存在でいたいか

＋

- **なすべきこと（do）**
  ＝
  ありたい姿を実現するためのこだわり

期　限
○年後までに○○○を達成します。
そのためには、△△△の努力は惜しみません！

- ありたい姿（be）＝夢
- 夢＋期限＝目標
- 目標＋なすべきこと（do）＝ビジョン

3-3 20年後の会社の将来ビジョンを「見える化」する

なぜ、「20年後」の将来ビジョンなのか

「ありたい姿」と「なすべきこと」に期限を設けて宣言したものがビジョンだと前項で説明しましたが、その期限は何年後が妥当なのでしょうか。会社の置かれた状況はそれぞれ違うでしょうが、「20年後」の会社の将来ビジョンを考えてみてください。

5年後だと、現在のしがらみや現時点での経営資源、商材、スキル、ブランドなどにとらわれて、会社の将来を自由に発想することがむずかしいかもしれません。かといって50年後では、かかわった人が誰も会社に残っていません。それほど遠い先のことを検討しても意味がありませんので、20年後という距離感が一番おすすめなのです。

これは、おおむね経営者の一世代にあたる時間の長さであり、現在30歳前後の若手社員が会社の中核を担うまでの期間でもあります。

さあ、リーダーシップ人材を中心にして、ワクワクするような20年後の将来ビジョンをつくり上げてみましょう。

ゴールがはっきりしていれば厳しい道も歩いていける

これから20年もあるのだから、現時点ではとても無理と思える将来ビジョンでも計画的にコツコツ取り組めば可能性は無限にあります。ビジョンを考えるにあたって、これまでの延長線上で発想するのではなく、経営理念という最終ゴールから逆算してみましょう。

たとえば、ある日用雑貨卸のビジョンは、次のようになりました。

──「20年以内（期限）に国内全域を対象に暮らしに有効な情報、多彩な生活シーンに役立つ企画・提案・コンサルティングによって（なすべきこと）新たなライフスタイル商品を提供するニュー問屋をめざします（ありたい姿）」

このように、めざすべきビジョンがはっきりしていれば、少々厳しい道のりが続いても全社員が一丸となって前を向いて歩んでいくことができます。ただあてもなく、目の前の坂道を歩いて登りなさいと命令されたら、誰でも嫌になってしまいます。

厳しいときだからこそ、会社がめざすゴールを具体化し、鮮明なカラーでイメージ（20年後のビジョンの「見える化」）できるようにすることが重要なのです。なにしろビジョンとは、成功のイメージなのですから。

20年後のビジョンに想いを馳せる

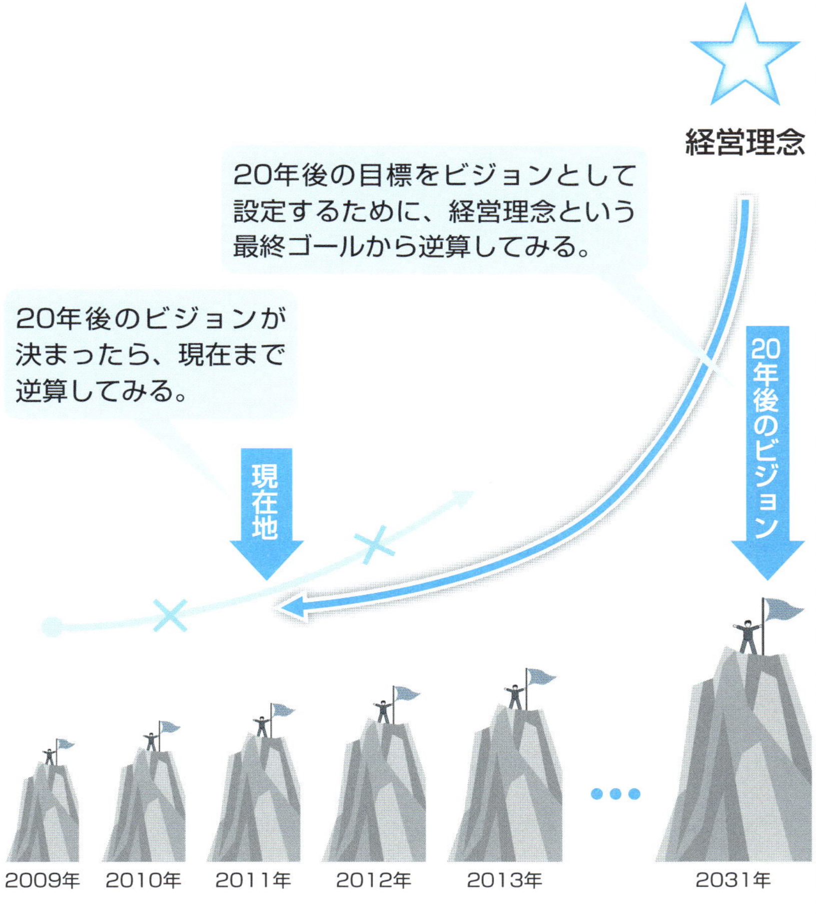

経営理念

20年後の目標をビジョンとして設定するために、経営理念という最終ゴールから逆算してみる。

20年後のビジョンが決まったら、現在まで逆算してみる。

現在地

20年後のビジョン

2009年　2010年　2011年　2012年　2013年　…　2031年

- 過去の延長線上に将来があるという発想を捨てる。
- めざすビジョンから逆算する発想が必要。

PART 3　ビジョンや戦略、マネジメントを「見える化」する

3-4 社員個人のこれからの人生を「見える化」する①

現場の若手社員を巻き込んでビジョン検討会議を開く

　30歳前後の若手は、日々発生する現場の問題について考えることがあっても、経営の視点で会社の将来について考えたことなどほとんどないはずです。そんな彼らにいきなり、「これから20年後のありたい姿やなすべきこと」を求めても、答えを持ち合わせていないのは至極当然のことです。

　そこで、経営の「見える化」の「Step2　20年後の将来ビジョンを描く」の前に、社員個人のこれからの人生を「見える化」するためのビジョン検討会議を開催します。ビジョンマップ作成までの手順は以下のとおりです。

　　手順1　ビジョン検討会議の開催を告知する
　　手順2　ビジョン検討会議の主旨を明らかにする
　　手順3　人生目標達成シートを書く
　　手順4　ライフカレンダーをつくる
　　手順5　現状維持で夢を実現できるかを考える
　　手順6　人口ピラミッドの今後の変化を見る
　　手順7　会社の未来像を提案する
　　手順8　事業ドメイン検討シートをつくる
　　手順9　ビジョンマップにまとめる

人生目標設定シートで自分の人生を深く考える

　将来会社を担うビジョン「見える化」プロジェクトメンバーが集まり、当事者意識を持って、納得のいく20年後の将来ビジョンを描くことが、ビジョン検討会議の主旨となります（手順1、手順2）。

　手順3の人生目標設定シートとは、右ページのようなワークシートです。プロジェクトメンバーそれぞれがこの人生目標設定シートを作成しながら、仕事、個人、家族、ほしいもの、やってみたいことなど、ありたい姿（夢）をどんどん洗い出します。自分のこれからの人生について深く考えてみるのです。

　このようなかたちで、自分の未来を「見える化」することは、会社のビジョンという未来を「見える化」するためのよいきっかけとなります。

人生目標設定シートで自分の将来と向き合う

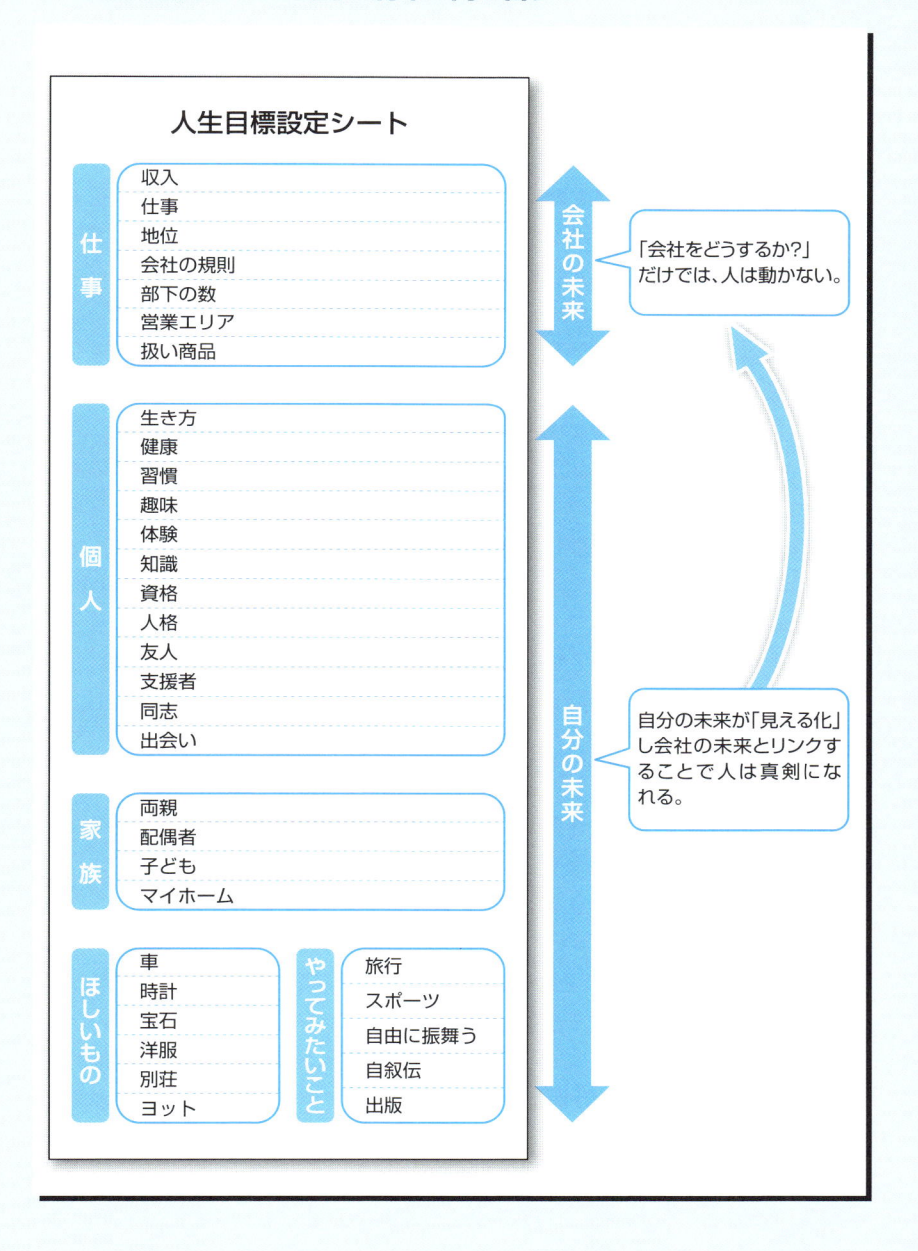

人生目標設定シート

仕事
- 収入
- 仕事
- 地位
- 会社の規則
- 部下の数
- 営業エリア
- 扱い商品

個人
- 生き方
- 健康
- 習慣
- 趣味
- 体験
- 知識
- 資格
- 人格
- 友人
- 支援者
- 同志
- 出会い

家族
- 両親
- 配偶者
- 子ども
- マイホーム

ほしいもの
- 車
- 時計
- 宝石
- 洋服
- 別荘
- ヨット

やってみたいこと
- 旅行
- スポーツ
- 自由に振舞う
- 自叙伝
- 出版

↑ 会社の未来：「会社をどうするか？」だけでは、人は動かない。

↑ 自分の未来：自分の未来が「見える化」し会社の未来とリンクすることで人は真剣になれる。

PART 3　ビジョンや戦略、マネジメントを「見える化」する

3-5 社員個人のこれからの人生を「見える化」する②

ライフカレンダーを作成して、夢を目標にする

　人生目標設定シートを作成したら、その作業で洗い出した夢が実現しているイメージを強く持って右ページのライフカレンダーの期限を意識しながら夢を転記してみましょう（前項の手順4）。個人の夢が「目標」に変わる瞬間です。

　実際にライフカレンダーを作成してみると、意外に会社にかかわる目標が多いことに気づかされます。「会社は会社。自分は自分。会社と個人は別物」と考えるより、会社と個人は一心同体で、密接なつながりを持っていると考えたほうがしっくりくるはずです。

　また、ライフカレンダーに記入した目標のほとんどは、実現するために金額の大小は別としてお金がかかるはずです。だから収入源がしっかりしていなければなりません。要するに、社員が自分の夢を実現させ幸福になるためには、働く会社が良くなっていかなければなりませんし、そこで働く社員が良い仕事で高い評価を得なければならないということです。

　こうした、会社とそこで働く社員の関係性を実感しておくことが会社の将来ビジョンを検討するときに重要になります。

ビジョンを考えるための問題意識を芽生えさせる

　自身のライフカレンダーを書き終えたら、手順5では、進行役がメンバー全員に、「会社が現状維持で自分の夢を実現できるのか？」、「会社の成長・発展なくして、自分の夢に近づくのか？」を問いかけます。そして、手順6で用意しておいた「人口データ」（7ページの上図）を掲示します。「2030年ごろの国内人口は現在の人口より10％減っています。これはお客様が10％減るということ意味しています」と、マーケットが縮小するなかで、これからどう会社を成長させていくのか問題提起します。

　手順7で、経営トップから「20年後には、○○を提供し快適生活提供業（機能的ドメイン・次項参照）に変わろうかと思う。これは、私のアイデアだが、みんなで意見を出し合って、会社の20年後の柱となる事業を考えてみよう」と呼び水を提示します。

　自分の将来を「見える化」し、自分の将来と会社の将来が密接な関係を持っていると実感した瞬間に、20年後という先の話でも当事者意識を持って検討するためのエンジンがかかり出します。

ライフカレンダーを作成する

《LIFE CALENDAR》

作成日：2011年1月8日
作成者：○○　△△

	自分	妻	子供	1月	2月	3月	4月	5月	6月	7月	8月	9月	10月	11月	12月
2011	30	29						※子供誕生							
2012	31	30	1												
2013	32	31	2				※課長								
2014	33	32	3				※妻の車購入								
2015	34	33	4									※○○○			
2016	35	34	5	※●●●											
2017	36	35	6												
2018	37	36	7				※マイホーム								
2019	38	37	8								※△△△				
2020	39	38	9	※◆◆◆											
2021	40	39	10				※世界旅行								
2022	41	40	11												
2023	42	41	12				※部長								
2024	43	42	13						※◎◎◎						
2025	44	43	14								※個展				
2026	45	44	15												
2027	46	45	16				※×××								
2028	47	46	17												
2029	48	47	18							※■■■					
2030	49	48	19												
2031	50	49	20				※独立								
2032	51	50	21												
2033	52	51	22												
2034	53	52	23						※▲▲▲						

- ライフカレンダーをつくることで、個人的な夢や目標が、会社の未来や会社のこれからの成長と大きくかかわってくることが実感できる。

PART 3　ビジョンや戦略、マネジメントを「見える化」する

3-6 会社の活動領域である事業ドメインを「見える化」する

これまでの土俵で、これからも戦い続けるのか

　次に、ビジョン検討会議の手順8である事業ドメイン検討シートについて説明します。これは、自社が勝ち残るための事業領域を「見える化」するための作業です。

　一般的に事業ドメインは、印刷業［1611］、ガス事業所［3413］、警備業［9061］、飲料製造業［10］、出版業［4141］、経営コンサルタント業［8093］など、政府が統計データをとるために取り決めた日本標準産業分類（平成20年4月現在、1,455の細目に分類）という分類方法で定義しています（［　］内は分類コード）。

　これは、物理的な存在に着目した定義のため、**「物理的ドメイン」**といいます。マーケット縮小時代にこうした物理的ドメイン（類似製品やサービス）では差別化がむずかしいため、競合他社とのし烈な戦いは免れられません。

機能的ドメインを明確にして、他社との差別化を図る

　20年後のことを考えた場合、現在と同じ物理的ドメインで分類されるような製品やサービスが存在するのかすらわかりません。だから20年後の事業ドメインを考えるときは、どんな製品・サービスという「モノ」を提供するのか（物理的ドメイン）という発想から、どんな価値や機能という「コト」を提供するのかという発想の転換が必要なのです。これを**「機能的ドメイン」**といいます。

　機能的ドメインを定義することで、独自の土俵をつくることができ、同業他社と差別化を図ることができます。また、業界の垣根を越えた発想ができるようになり、戦わずして勝つことも可能となります。

　しかし、「モノ」を中心に事業を進めるのであれば目に見えるので、改めて定義しなくてよいかもしれません。しかし、「コト」は目に見えにくいので、事業の柱として推進するときに、機能的ドメインとして「見える化」する必要があるのです。

　ビジョンの具体策である戦略とは、文字どおり「戦いを略すること」。戦いの土俵を変えることで、敵と戦わずして勝つことができるのです。戦わなければ、自陣の労力を使わずに済むのですから最も効率的な戦い方です。そのためには、機能的ドメインを「見える化」することで、他社との差別的優位性を明確にすることです。

物理的ドメインから機能的ドメインへ

《機能的ドメイン検討シート》

作成日：
チーム：

① われわれの存在理由は何か

② 顧客は誰か

③ なぜ、お客様は同業他社の中で、当社を選んでくれているのか

④ 当社の製品・商品・サービスは、お客様にどのような効用、成果、価値を提供しているのか

⑤ 当社の本当の商品（売り物）は何か

⑥ それでは、当社な何業なのか（ドメイン）

①〜⑥の設問で自社の差別化ポイントを考えてみよう。

機能的ドメインを「自社のこだわりは○○○である」といい換えてみよう。しっくりくるだろうか？

⑦ ダントツ一番化：2つあれば鬼に金棒

ダントツ一番	元祖・本家のことなら当社へ	ダントツ一番
対象領域（地域）		対象領域（地域）

モノ → コト

俗称	物理的ドメイン（日本標準産業分類）		機能的事業ドメイン
	大分類	細分類	
花屋	小売業	花・植木小売業	うるおい提供業
魚屋	小売業	鮮魚小売業	メタボ対策業
居酒屋	宿泊業・飲食サービス	酒場・ビヤホール	ストレス発散業
ガードマン派遣	サービス業（他に分類されないもの）	警備業	安全・安心提供業
化粧品卸	卸売業	化粧品卸売業	美人・美肌創造業
荒物・金物卸売業	卸売業	金物卸売業	快適生活提供業
食品機械製造業	製造業	食品機械・同装置製造業	生産性向上提案業
飲料製造業	製造業	飲料・たばこ・飼料製造業	爽快感清涼感提供業
印刷業	製造業	印刷・同関連業	販売促進支援業
紙箱製造業	製造業	段ボール・箱製造業	パッケージング業
テレビ局	情報通信業	テレビジョン番組制作業	娯楽・情報配信業
出版社	情報通信業	出版業	知識・文化伝達業
システム開発	情報通信業	受託システム開発業	業務効率改善業
コンサルティング業	学術研究、専門・技術サービス業	経営コンサルタント業	企業体質強化業
ガス会社	電気・ガス・熱供給・水道業	ガス業	快適生活提供業

物理的ドメインの代表格の日本標準産業分類
（平成19年11月改定／平成20年4月適用）は、市場実態にそうように適宜改定されているのだが……。

PART 3　ビジョンや戦略、マネジメントを「見える化」する

3-7 どの領域でダントツ一番をめざすか、競争戦略の狙いを定める

競争相手が多い土俵で勝ち抜くには

　どうしても自社独自のビジョンや機能的ドメインが見いだせない、イメージできないときはどうしたらよいのでしょうか。その場合は、競合他社と同じ土俵でがっぷり四つになっても勝ち抜くための手立てを考えるしかありません。

　まず、何らかの切り口や領域、分野などを限定して、競合他社よりも自社が一番といえるもの、もしくは現時点で一番ではなくてもその可能性があるものがないか考えてみます。競合他社と比べて少し優位くらいのレベルではダメです。

　だれもが日本一の富士山や琵琶湖を知っていても、多くの人は二番手を知りません。これが現実です。だから、突き抜けた一番、ダントツ一番にこだわってください。

　たとえば、「一番長くやっていること」、「最初に始めたこと」、「一番たくさんつくったモノ」など、未来の核にできる"一番の切り口"を検討します。

　また、老舗には絶対逆転できない時間の積み重ねという強みがあります。「元祖」、「本家」と名乗れる領域がないかも検討します。

「これだけは絶対の自信がある」という領域を確立する

　確かに、あらゆる分野で業界のトップになるのは、至難の業かもしれません。しかし、事業領域を見直し、細分化し、狙いを定めた領域で一番をとることは、どの会社でも可能なはずです。地域や客層、商品カテゴリを細分化し、勝てそうなところを探し、そこにヒト、モノ、カネ、時間などの経営資源を集中することです。

　経営資源の質・量ともに劣る弱者が、「何もかもできる」と表明しても説得力はありません。「これしかやりません」、「これだけは絶対の自信があります」と表明したときに、顧客はそれを信じ、支持してくれるのです。その結果として、ダントツ一番になることができるのです。

　ビジョン検討会議の手順8では、機能的ドメイン検討シート（前ページの上図）に、期待や目標も含めてダントツ一番を記入します。些細なことでも、ダントツ一番が2つ揃えば鬼に金棒です。どの領域でダントツ一番をめざすのかを具体化し、「見える化」してみてください。

ダントツ一番化で差別化すべし

①まずは、物理的ドメインから機能的ドメインへと事業ドメインを変更

機能的ドメイン

土俵を変えて（機能的ドメイン）戦わずして勝つ。土俵が小さくなる可能性もある。

同じ土俵（物理的ドメイン）では、競争相手が多い。

②次に、事業ドメインの限定・細分化による一番化で競争優位に立つ

同じ土俵（物理的ドメイン）でも、地域、客層、商品カテゴリなどを限定・細分化してダントツ一番をめざす。

ダントツ一番化

PART 3　ビジョンや戦略、マネジメントを「見える化」する

3-8 20年後の将来ビジョンをマップ化し、全社員にイメージを浸透させる

ビジョンを絵に描いた餅にしないために

　20年後のありたい姿やなすべきこと、どのような価値や機能（コト）を顧客に提供するのかという機能的ドメインや、自社が強いこだわりを持ち他社と一線を画してダントツ一番をめざす領域などを検討しました。最後にこれらを**「20年後の将来ビジョンマップ」**としてまとめます（ビジョン検討会議の手順9）。

　大切なことは、この20年後の将来ビジョンを単なる掛け声や絵に描いた餅に終わらせないことです。そのために有効な方法は、ビジョンを具体的に「見える化」したビジョンマップをつくることです。ビジョンマップは、ハーバード・ビジネススクールのキャプラン教授と経営コンサルティング会社のノートン社長が1992年に発表したバランス・スコアカードという経営手法を用いて作成します。

バランス・スコアカードの手法を用いてマップ化する

　バランス・スコアカードにおける戦略マップは、ビジョンと戦略を実現するためのさまざまな施策を、**①財務の視点**、**②顧客の視点**、**③業務プロセスの視点**、**④人材と変革の視点**の4つの視点で図示したものです。

　右ページのように、この4つの視点は、「結果として財務の視点の目標を達成する⇒そのために顧客の視点で設定した顧客のニーズを満足させる活動を行う⇒そのために業務プロセスの視点で組織的な活動に取り組む⇒そのために人材と変革の視点では業務プロセスの視点で足りないスキルやマインドの向上に取り組む」といった因果関係で戦略を具体化したストーリーを描くのです。

　つまり、バランス・スコアカードにおける戦略マップの考え方は、ビジョンと戦略の実現に向けての具体的な施策を、①財務の視点 ⇒ ②顧客の視点 ⇒ ③業務プロセスの視点 ⇒ ④人材と変革の視点の4つの視点の因果関係で「見える化」したものなのです。

　右ページの日用雑貨卸の例のように、理想的なビジョンの具体化は、4つの視点すべてに施策が展開されており、互いの施策が線でつながるような関係性をもっているのです。

　ビジョンマップは、この手法を使って20年後の将来ビジョンをより具体的にイメージしてもらうためのものです。

バランス・スコアカードの4つの視点と、ビジョンと戦略の関係

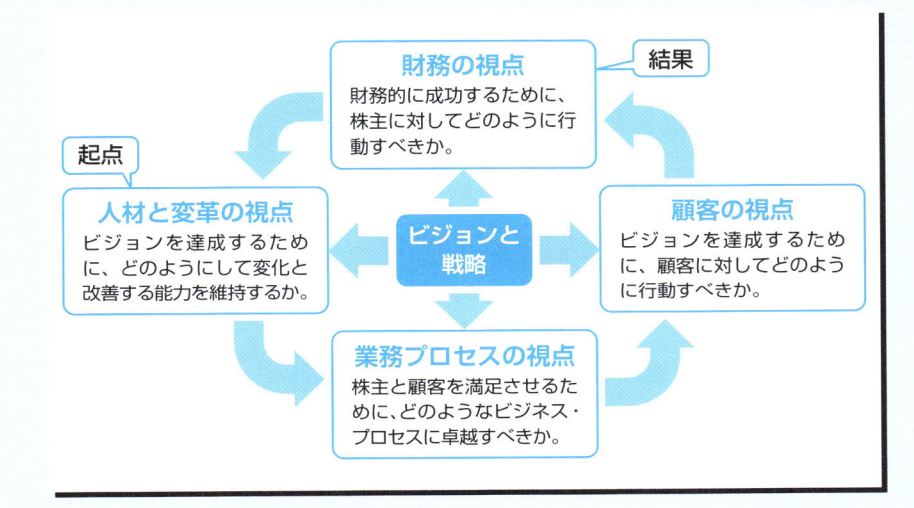

財務の視点 〔結果〕
財務的に成功するために、株主に対してどのように行動すべきか。

〔起点〕
人材と変革の視点
ビジョンを達成するために、どのようにして変化と改善する能力を維持するか。

ビジョンと戦略

顧客の視点
ビジョンを達成するために、顧客に対してどのように行動すべきか。

業務プロセスの視点
株主と顧客を満足させるために、どのようなビジネス・プロセスに卓越すべきか。

20年後の将来ビジョンをマップで「見える化」する

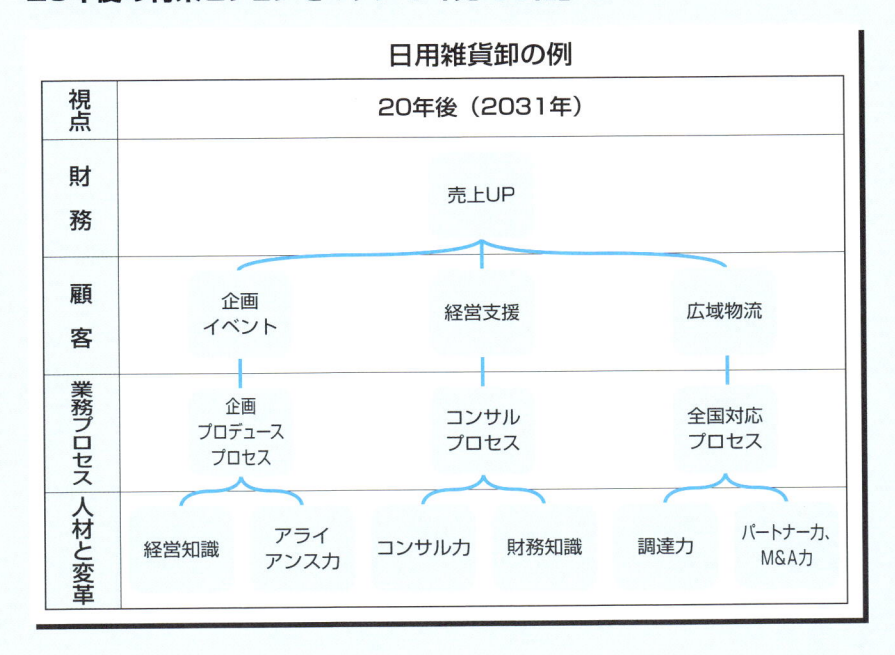

日用雑貨卸の例

視点	20年後（2031年）		
財務	売上UP		
顧客	企画イベント	経営支援	広域物流
業務プロセス	企画プロデュースプロセス	コンサルプロセス	全国対応プロセス
人材と変革	経営知識　アライアンス力	コンサル力　財務知識	調達力　パートナー力、M&A力

3-9 戦略マップを作成して中期経営計画を「見える化」する

これまでの延長線上で経営計画をつくっても意味がない

会社の経営計画を策定する際に、えてして次のようなことになりがちです。
- 前年の売上実績やここ数年の売上傾向から、一律に何パーセントアップといった単純な積み上げ方式で売上目標を設定。
- 売上目標を達成するための戦略は、良くも悪くもこれまでの戦略とほとんど変わらない従来踏襲型。
- 売上計画、設備投資計画、採用計画、人員配置計画などは、前年の結果データの微調整に終始。

せっかくワクワクするような20年後の将来ビジョンを宣言して、その内容をビジョンマップで具体化しても、これまでのように中期経営計画をつくっていたのでは意味がありません。

経営理念の具体化が20年後の将来ビジョンであり、さらにビジョンを具体化したものが中期経営計画なのです。まずビジョンを踏まえて、中期経営計画として、これからの3年間で何をどのように取り組んでいくのかを検討してみましょう。

ビジョンマップから逆算して戦略マップを描く

20年後の将来ビジョンを具体化するためにビジョンマップで「見える化」しましたが、中期経営計画も同様に「見える化」することが大切です。中期経営計画の「見える化」には、ビジョンマップと同じ、財務の視点、顧客の視点、業務プロセスの視点、人材と変革の視点の4つの視点で、ビジョンマップから逆算して中期経営計画のマップ（このマップを、経営の「見える化」では**戦略マップ**といいます。・右ページ参照）を作成します。

そのうえで、現在の自社の強みや弱みを把握して、戦略マップと現状のギャップを明確にします。そして、これから3年間でこのギャップをどこまで埋めるのかを検討して戦略マップに追記します。

基本的に、現状分析からの積み上げで3年後の戦略マップを描くのではなく、20年後のビジョンマップから逆算して戦略マップを描くことがポイントとなります。

中期経営計画を戦略マップで「見える化」する

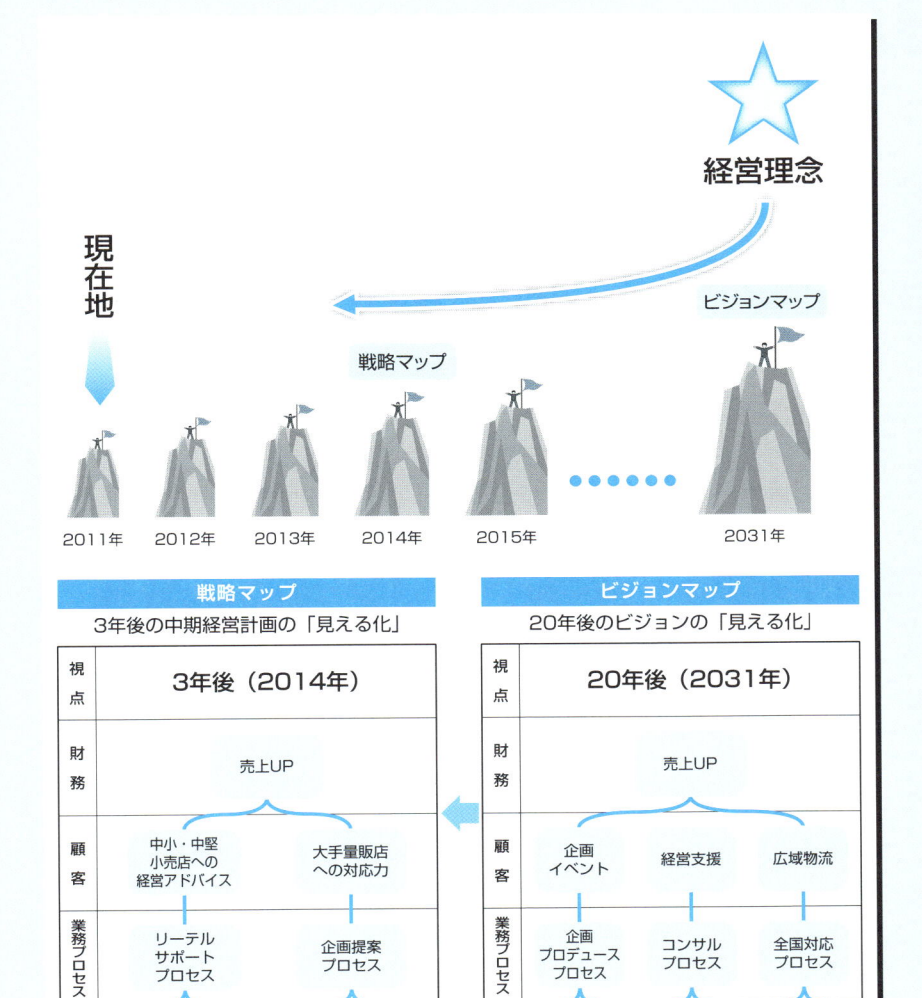

経営理念

現在地

ビジョンマップ

戦略マップ

2011年　2012年　2013年　2014年　2015年　……　2031年

戦略マップ
3年後の中期経営計画の「見える化」

視点	3年後（2014年）	
財務	売上UP	
顧客	中小・中堅小売店への経営アドバイス	大手量販店への対応力
業務プロセス	リーテルサポートプロセス	企画提案プロセス
人材と変革	経営知識／マーケティング力	コーディネート力／企画力

ビジョンマップ
20年後のビジョンの「見える化」

視点	20年後（2031年）		
財務	売上UP		
顧客	企画イベント	経営支援	広域物流
業務プロセス	企画プロデュースプロセス	コンサルプロセス	全国対応プロセス
人材と変革	経営知識／アライアンス力	コンサル力／財務知識	調達力／パートナー・M&A力

● ビジョンマップと同じ4つの視点で中期経営計画を戦略マップとして具体化する。

3-10 戦術マップを作成して年度方針を「見える化」する

これから取り組むべき課題の洗い出し

　中期経営計画の「見える化」として戦略マップを作成したら、それをさらにブレークダウンして年度方針の「見える化」としてのマップ（これを**戦術マップ**といいます）を作成します。作成方法は、ビジョンマップや戦略マップと基本的に同じです。

　まず、先に作成した戦略マップの4つの視点の各項目と現状とのギャップを把握するところから始めましょう。

　次に、このギャップを埋めるために、取り組むべき課題を洗い出します。ここで大切なことは、いろいろと課題が出てきても。むやみにあれもこれもと手をつけないことです。必ず、洗い出した課題に優先順位をつけるようにします。取り組むべき課題の選択と集中が大切になります。

　課題に優先順位をつける際のポイントは、次の3点です。

① **経営理念・使命・ビジョン、中期経営計画の方向性に沿って考えること。**
② **優先順位づけの絶対的な決め手がない場合は、各課題の相対的な関係で検討すること。**
③ **後からふり返ることができるように、優先順位づけの決定プロセス自体を「見える化」しておくこと。**

今年度に取り組む課題に絞って戦術マップを作成

　あくまでも自社にとっての重要度、緊急度という尺度で相対的に優先順位をつけましょう。その尺度は、自社の保有する経営資源（ヒト、モノ、カネ、時間、情報など）、さらには洗い出した課題同士の相互関係によっても違ってきます。この課題の優先順位のつけ方こそが、他社との差別化、自社としてのこだわりとなるのです。

　そして優先順位づけした課題のなかで、今年度に取り組むべき課題を右ページに掲げたような戦術マップにして「見える化」します。

　以上説明してきた、ビジョンマップ（20年後の将来ビジョンの「見える化」・PART3-8参照）、戦略マップ（中期経営計画の「見える化」・PART3-9参照）、戦術マップ（年度方針の「見える化」・本項）を総称して**可視化マップ**と呼びます。本書PART7では、年度方針を戦術マップに展開する手順を解説しています。自社の年度方針を戦術マップにして、具体的なイメージをつかんでみてください。

年度方針を戦術マップで「見える化」する

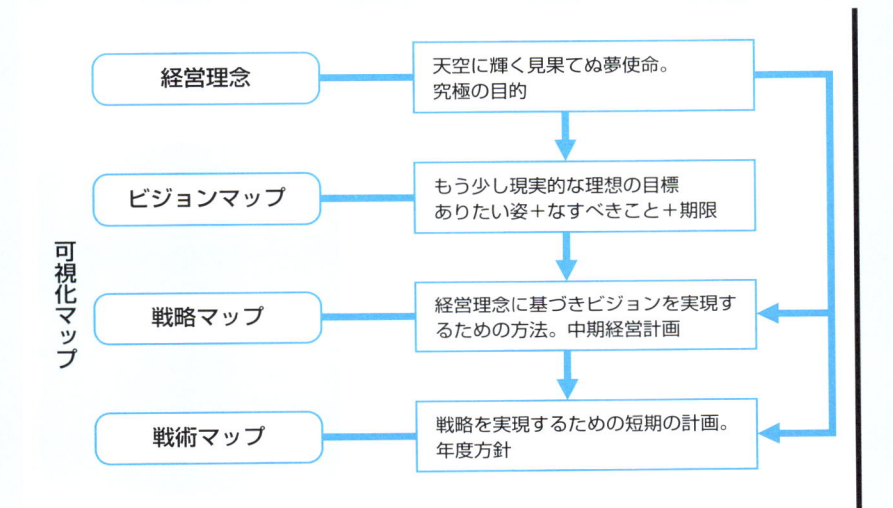

可視化マップ

- 経営理念 → 天空に輝く見果てぬ夢使命。究極の目的
- ビジョンマップ → もう少し現実的な理想の目標 ありたい姿＋なすべきこと＋期限
- 戦略マップ → 経営理念に基づきビジョンを実現するための方法。中期経営計画
- 戦術マップ → 戦略を実現するための短期の計画。年度方針

戦略マップ（中期経営計画の具体化）から戦術マップ（年度方針の具体化）への展開

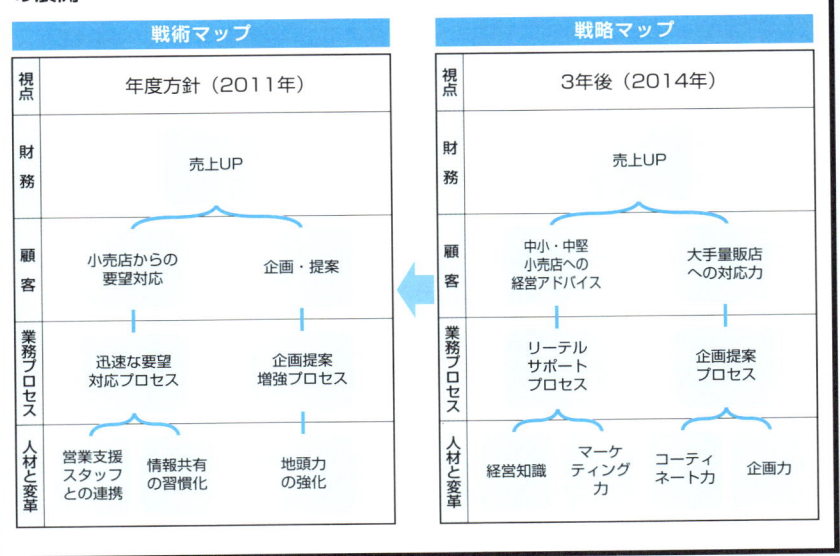

戦術マップ

視点	年度方針（2011年）	
財務	売上UP	
顧客	小売店からの要望対応	企画・提案
業務プロセス	迅速な要望対応プロセス	企画提案増強プロセス
人材と変革	営業支援スタッフとの連携／情報共有の習慣化	地頭力の強化

戦略マップ

視点	3年後（2014年）	
財務	売上UP	
顧客	中小・中堅小売店への経営アドバイス	大手量販店への対応力
業務プロセス	リーテルサポートプロセス	企画提案プロセス
人材と変革	経営知識／マーケティング力	コーディネート力／企画力

PART 3　ビジョンや戦略、マネジメントを「見える化」する

085

3-11 年度方針をどう実行していくかを「見える化」するスコアカードの作成

どのようにして（How）実行するかを具体化したスコアカード

これまで見てきたように、ビジョンマップ、戦略マップ、戦術マップの可視化マップは、どれも財務の視点、顧客の視点、業務プロセスの視点、人材と変革の視点の4つの視点の因果関係（これを**「タテの因果関係」**といいます）から成り立っています。

ビジョンや戦略を実現するためには、次の2つのことを決める必要があります。

① **何を（What）改革・改善するのか**
② **それをどのようにして（How）実行するのか**

可視化マップは、このうち「何を（What）」にあたる部分を図で説明したものです。

そして、年度方針の「何を（What）」にあたる戦術マップを、どのようにして（How）実行するのかを表で示したのが、これから説明するスコアカードになります。

戦略の実行状況と成果をスコアカードで把握する

経営の「見える化」は、ここから第二段階の「マネジメントの可視化」に入ってきます（PART1-10参照）。

スコアカードには、戦術マップの4つの視点のそれぞれの戦略目標が達成できたかどうかをチェックするためのゴール指標（PART1-5参照）を設定します。さらにそのゴール指標を達成するために日々取り組むべき活動を日課指標（PART1-5参照）として設定します。

そして、次のようなシナリオを描きます。

① **スコアカードの日課指標に日々取り組む。**
② **そうすると、人材と変革の視点、業務プロセスの視点、顧客の視点それぞれのゴール指標の目標値を達成する。**
③ **そして結果的には、戦術マップのタテの因果関係である財務の視点のゴール指標の目標値を達成する。**

この日課指標に毎日コツコツ取り組めば、自然にゴール指標が達成できる。そのような関係性の強い日課指標をセットします。この日課指標とゴール指標の関係を前述の戦術マップの4つの視点の「タテの因果関係」との対比で、**「ヨコの因果関係」**といいます（右ページ参照）。このヨコの因果関係を「見える化」することにより、現場での戦略の実施状況と成果を把握することができるようになります。

年度方針をスコアカードで具体化する

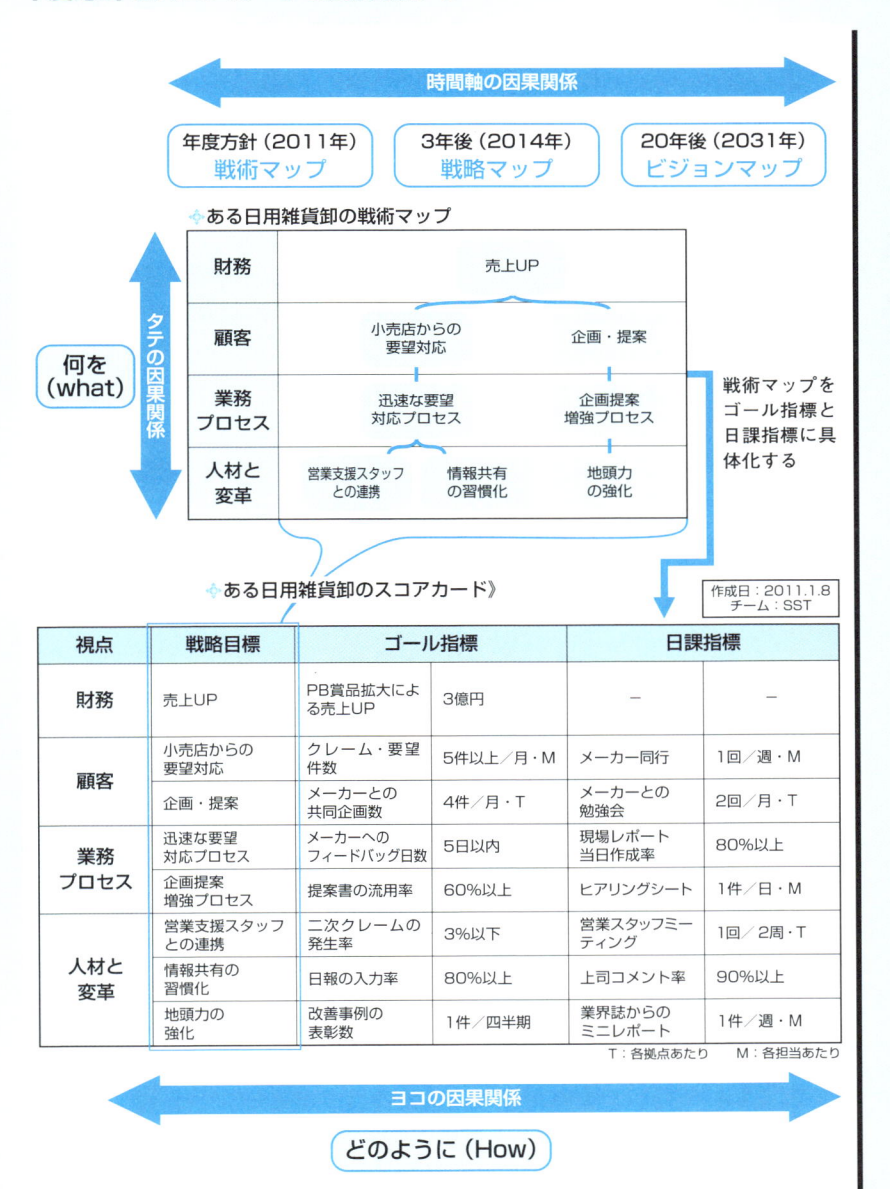

← 時間軸の因果関係 →

| 年度方針（2011年）戦術マップ | 3年後（2014年）戦略マップ | 20年後（2031年）ビジョンマップ |

ある日用雑貨卸の戦術マップ

何を（what） / タテの因果関係

財務	売上UP	
顧客	小売店からの要望対応	企画・提案
業務プロセス	迅速な要望対応プロセス	企画提案増強プロセス
人材と変革	営業支援スタッフとの連携	情報共有の習慣化 / 地頭力の強化

戦術マップをゴール指標と日課指標に具体化する

ある日用雑貨卸のスコアカード

作成日：2011.1.8　チーム：SST

視点	戦略目標	ゴール指標		日課指標	
財務	売上UP	PB商品拡大による売上UP	3億円	—	—
顧客	小売店からの要望対応	クレーム・要望件数	5件以上／月・M	メーカー同行	1回／週・M
	企画・提案	メーカーとの共同企画数	4件／月・T	メーカーとの勉強会	2回／月・T
業務プロセス	迅速な要望対応プロセス	メーカーへのフィードバッグ日数	5日以内	現場レポート当日作成率	80％以上
	企画提案増強プロセス	提案書の流用率	60％以上	ヒアリングシート	1件／日・M
人材と変革	営業支援スタッフとの連携	二次クレームの発生率	3％以下	営業スタッフミーティング	1回／2週・T
	情報共有の習慣化	日報の入力率	80％以上	上司コメント率	90％以上
	地頭力の強化	改善事例の表彰数	1件／四半期	業界誌からのミニレポート	1件／週・M

T：各拠点あたり　M：各担当あたり

← ヨコの因果関係 →

どのように（How）

PART 3　ビジョンや戦略、マネジメントを「見える化」する

3-12 アクションプランを作成して、年度方針を現場活動に落とし込む

戦略の実行を掛け声だけに終わらせないために

　どの会社でも何らかの年度方針がありますが、どのくらい具体的に現場の活動として落とし込まれているでしょうか。

　現場レベルでは、前項で説明したスコアカードに示された日課指標を達成するための取り組みが、戦略の実現のための具体的な活動であり、この日課指標に対する日々の積み重ねが最終的には会社のめざす将来ビジョンの実現につながっていきます。

　そのためには、日課指標に取り組むための事前準備、現場への展開、そして運用から定着までのそれぞれのアクションプランが必要になります。

　仕事は日々トライアンドエラーのくり返しです。日課指標がゴール指標に結びつき、4つの視点で掲げたそれぞれの目標（ここでは戦略目標といいます）が達成できたかどうか検証していくためには、アクションプランの「見える化」が必須です。

　これまでの経験から断言しておきます。右ページに掲げたようなアクションプラン検討シートを作成してアクションプランを具体化できなければ、戦略は掛け声だけに終わり、せっかく策定した戦略は水泡に帰すことになります。

アクションプラン作成にあたっての8つのポイント

　アクションプラン作成にあたって検討すべきポイントは、次の5W2H＋Rの8項目です。

① Why（なぜ）………**アクションプランの概要や実施の背景などを知る。**
② What（何を）………**どのゴール指標のどの日課指標なのかを確認する。**
③ How（どのように）…**事前準備、計画、実施、評価、改善の具体的な作業内容を洗い出す。**
④ Who（誰が）………**PDCAの各フェーズごとの責任者と参加者を決める。**
⑤ When（いつまでに）…**アクション・アイテムごとのタイムスケジュールを決める。**
⑥ Where（どこが）…**対象となる組織やエリアを宣言する。**
⑦ How much………**このアクションプラン実施にかかるイニシャルコストとランニングコストを洗い出す。**
　（いくらかかるか）
⑧ Risk（リスクは）…**あらかじめ想定されるリスクとその対策を考えておく。**

アクションプラン検討シートの作成

《アクションプラン検討シート》

作成日	
作成者	

視点	☐ 財務の視点、 ☐ 顧客の視点、 ☐ 業務プロセスの視点、 ☐ 人材と変革の視点					
②What	戦略目標					
	ゴール目標					
	日課指標					
①Why　アクションプラン概要						
⑥Where	対象組織 対象エリアなど					

			⑤When				
③How　アクション・アイテム	フェーズ	月	月	月	月	月	月
（A）							
（B）							
（C）							
（D）							
（E）							
（F）							
（G）							
（H）							
（ I ）							
（J）							

フェーズは、P（計画）、D（実施）、C（評価）、A（改善）の4分類を記号で表示

図・添付資料

⑧Risk　予想されるリスクと対策

	フェーズ	責任者	参加者
④Who	P（計画）		
	D（実施）		
	C（評価）		
	A（改善）		

⑦How much	経営資源	
	費　用	

PART 3　ビジョンや戦略、マネジメントを「見える化」する

PART 4

経営の「見える化」を企画する

4-1 可視化経営を推進するための3つのフェーズとスケジュール

可視化経営の推進が経営改革

　これまでの説明でおわかりのように、経営の「見える化」とは、単に現場の作業をビジュアル化したり、業績や財務データをグラフ化するものではありません。

　経営者からは現場が見え、現場担当者からは経営が見える双方向の「見える化」を通じて、全社員で会社の将来ビジョンを語り合い、その将来ビジョンの実現をめざして、社員一人ひとりが自律化しながらも、お互いが協調し合って仕事をすることができる強い組織に変革することを目的としています。そして、このような経営改革を**「可視化経営」**といっています。

　いわば、可視化経営の推進そのものが経営改革であり、この経営改革は、右ページに示すように、**Ⅰ．企画フェーズ⇒Ⅱ．構築フェーズ⇒Ⅲ．展開・運用フェーズ**の3つのフェーズで進めていくことになります。

4か月～6か月の準備期間

　可視化経営の企画から現場での展開・運用までは、会社の規模などによって差があるものの、おおよそ次のようになります。

　企画フェーズで取り組む内容については、次項で詳しく説明しますが、どのような方法で、どの組織を対象として、どのようなスケジュールで実施するかを決定するのが、このフェーズになります。

　Ⅰ．企画フェーズは、可視化推進チーム（PART4-3参照）が週1回程度のミーティングを開き、右ページに示したような内容をおおよそ2か月かけて検討します。

　次のⅡ．構築フェーズは、経営改革の各プランを実際に策定するフェーズですが、ビジョン策定、中期経営計画策定、年度方針策定のどこまでを実施するかによって違うものの、おおよそ、2か月～4か月かけて検討します。

　このように、経営改革の各プランがⅢ．展開・運用フェーズのスタートラインにつくまでに、おおよそ4か月～6か月の準備期間を要することになります。

可視化経営の企画から展開・運用までの一般的なスケジュール

I. 企画フェーズ（2か月）

1か月目
- プロジェクトを組織
- 可視化推進チームの任命
- 可視化経営の研究・理解
- 可視化経営導入の骨子検討

2か月目
- II. 構築フェーズで行う教育研修のコンテンツづくりとスケジューリング
- モニタリングのためのITシステムの調査
- 現行の諸制度との調整

II. 構築フェーズ（2〜4か月）

- ビジョン策定（20年後の目標設定）… 4か月
- 中期経営計画策定（3〜5年後の目標設定）… 3か月
- 年度方針策定（年度の目標設定）… 2か月

III. 展開・運用フェーズ

展開時
- 可視化キックオフ大会
- ITシステム操作説明会

運用時
- 可視化レビュー会議（月次）
- 定期的な教育研修（新入社員向け）
- 定期的な啓蒙活動（モチベーション、スキルアップ）
- 中期経営計画の見直し
- 翌年の年度方針の策定

4-2 経営改革が成功するかどうかは、企画フェーズの活動にかかっている

参加メンバーが取り組みに対する確信をもつ

　可視化経営の推進は経営改革であるということをPART1-7で説明しましたが、この改革を成功させるためには、最初の企画フェーズの活動が非常に重要になってきます。

　ここですべき具体的な活動は、右ページに掲げたとおりです。

　まずなによりも、「いまなぜ、経営の見える化なのか？」という問いに対して、その意義や目的を明確にしておくことです。

　自社の抱える課題に対して可視化経営の取り組みが、妥当なのかどうかを見極めておく必要があります。そのためにも、経営陣と企画フェーズの可視化推進チームのメンバーは、ここで可視化経営の概要をしっかり理解しておかねばなりません。

　可視化経営の理解を深めるためには、NIコンサルティングの代表、長尾一洋の著書『すべての「見える化」で会社が変わる～可視化経営システムづくりのステップ』（実務教育出版刊）をお読みいただくか、NIコンサルティングが定期的に開催する可視化経営セミナーにご参加いただくのが効果的です。

経営陣は改革をやり遂げる覚悟を表明する

　また企画フェーズでは、現在運用している意思決定プロセスや諸制度の扱いをどうするのかを検討し、可視化経営の取り組みと整合を図ることも重要な活動となります。

　可視化経営に取り組むかどうかは別にして、マーケット拡大時の市場環境で運用していた意思決定プロセスや戦略の策定方法、それらを支援する諸制度やITシステムなどを、いま一度棚卸しする絶好の機会でもあります。

　さらに、可視化経営への取り組みの気運を高めていくことも、企画フェーズの重要なミッションとなります。

　そのためには、経営トップが可視化経営の必要性を十分に理解したうえで、自らの言葉で、全社員に対して、「どんなことがあっても、この改革をやり遂げる」という強い意思表示をすることが必要になります。

可視化経営に向けた企画フェーズの位置づけ

企画フェーズでやるべき活動

① 可視化経営の概要を理解する。
② 可視化経営の取り組みを行うか否かの意思決定を行う。
③ 可視化経営に取り組むための意義や目的を明確にする。
④ 対象範囲と対象組織を決定する。
⑤ 企画、構築、展開・運用の各フェーズに必要な体制を検討する。
⑥ 企画、構築、展開・運用の各フェーズのスケジュールを立案する。
⑦ 構築フェーズで行う可視化経営の概要や構築方法を習得するための教育研修のカリキュラムを検討する。
⑧ 展開・運用フェーズで行う可視化経営の定着のための啓蒙活動を検討する。
⑨ 戦略の具体策の実施状況を現場から収集するためのITシステムを検討する。
⑩ 可視化経営への取り組みにかかる概算費用を洗い出す。

企画フェーズでの成功要因

① 経営トップが自らが可視化経営の必要性を理解していること。
② 可視化経営を実施する対象組織のキーマンを早めに巻き込むこと。
③ 可視化経営推進チームのメンバーが自ら可視化経営の取り組みを試行し気運を高めること。

4-3 企画フェーズにおける可視化推進チームの体制とメンバーの役割

企画フェーズの体制と推進メンバーの選定

　可視化経営の企画フェーズの体制は、右ページのような可視化推進チームを中心としたプロジェクト体制を組みます。

　この可視化推進チームのメンバーは、経営企画、人事、経理、情報システム部門などから人選します。会社の規模にもよりますが、おおよそ5～10名程度が望ましいでしょう。

　企画フェーズでは、これまでの経営のしくみやITシステムが現在の市場環境にマッチしているかどうかを調査したり、さまざまな部門間の意見調整が必要になるため、部門横断的なメンバーによる構成が必要になります。

　また、経営企画部門や人事部門など、特定の偏った部門から人選すると、自部門の利害を優先したり、全社最適の考慮が足りなかったりする場合があるため注意が必要です。

　この可視化推進チームのリーダーは、組織の業務や制度、ITシステムに精通していることもさることながら、可視化経営を推進するための伝道師としての熱いハートと問題解決のための冷静な判断力を持ち合わせて、全体調整できる人を選びたいものです。

現場の抵抗を抑え、スムーズに活動をスタートさせるために

　変化を伴う経営改革には、多くの人が保守的な態度をとる傾向にあります。「現在動いているプロジェクトや委員会活動はどうするのか」とか、「現行の意思決定プロセスや諸制度で問題ないのではないか」といった声が必ずといっていいほど上がってきます。経営改革の内容はともかくとして、変化すること自体にアレルギー反応を示しやすいのです。

　だから、可視化推進チームのリーダーやメンバーは、抵抗する現場の社員に対して可視化経営の意義や目的、もたらす価値を明確に答えられるようにしておかなければならないのです。

　また、問題や抵抗を起こしそうな部門やパイロット的に可視化経営に取り組む部門のキーマンを、企画フェーズの早い段階から可視化推進チームのメンバーとして巻き込んでおくことも賢明な方法といえます。

可視化経営に向けた企画フェーズの体制

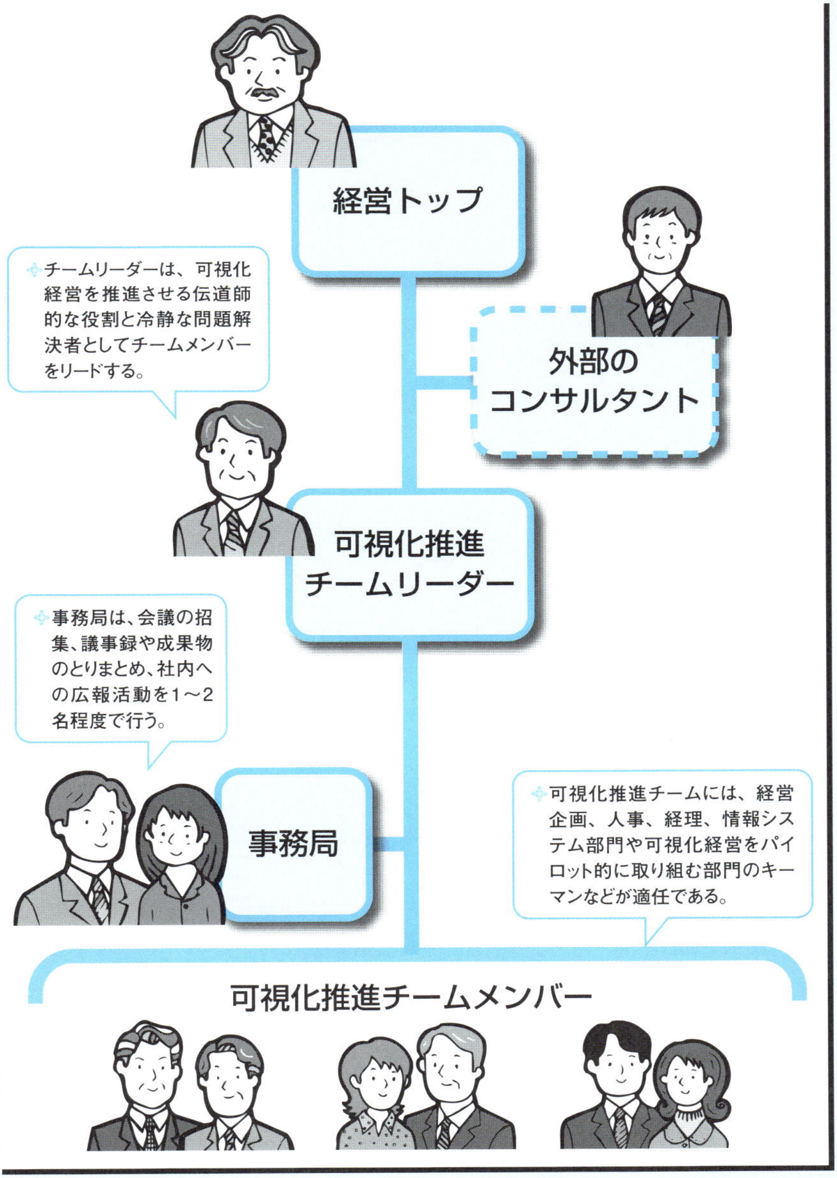

経営トップ

外部のコンサルタント

- チームリーダーは、可視化経営を推進させる伝道師的な役割と冷静な問題解決者としてチームメンバーをリードする。

可視化推進チームリーダー

- 事務局は、会議の招集、議事録や成果物のとりまとめ、社内への広報活動を1〜2名程度で行う。

事務局

- 可視化推進チームには、経営企画、人事、経理、情報システム部門や可視化経営をパイロット的に取り組む部門のキーマンなどが適任である。

可視化推進チームメンバー

4-4 「小さく始めて大きく育てる」の方針で、できるところから取りかかる

可視化経営の7ステップの扱い方

　企画フェーズでは、ビジョン策定、中期経営計画策定、年度方針策定など、どこまで実施するのか、全社、事業部、部、課、プロジェクトなど、どの組織を対象にしてスタートするのかなどを決定する必要があります。

　いきなり、全社展開することを検討したり、何が何でもビジョン策定から始めなければいけないと決めつけずに、「小さく始めて大きく育てる」を方針にして、とにかく実践、第一歩を踏み出してみましょう。

　まず、対象範囲についてですが、可視化経営を進めるには、右ページの7つのステップがあることをPART1-10で説明しました。この7つのステップすべてを順序よく取り組むのが理想的なのですが、それにこだわる必要はありません。会社が置かれている環境や右ページのように解決すべき課題Ⅰ～Ⅳによっては、可視化経営の7ステップのなかから必要なステップを選択して取り組んでみましょう。

　たとえば、ちょうど中期経営計画策定の時期であれば、その計画を戦略マップで「見える化」（課題Ⅱ）してから、年度方針の戦術マップとスコアカードに展開（課題Ⅲ）したほうがよいですし、すでに中期経営計画を運用している最中ならば年度方針である戦術マップの「見える化」（課題Ⅲ）から着手すればよいのです。

可視化経営に取り組む対象組織はどうするか

　次に、可視化経営に取り組む対象組織ですが、事業部制やカンパニー制を敷いている会社は、そのなかの一つの事業部やカンパニーでパイロット的に導入し、順次導入組織を拡大していく方法が一般的です。

　また中小・中堅企業では、営業拠点と本社営業支援スタッフなどの営業ラインを対象組織としてスタートするケースが多いようです。その後、メーカーであれば製造部門、卸であれば商品管理部門や物流部門など、本社スタッフ部門へ順次展開していくのです。

　ぜひおすすめしたいのが、新たな製品やサービス、新たな企画に取り組む部門横断的なプロジェクトにおける可視化経営の取り組みです。新規プロジェクトゆえに従来の枠組みやこれまでのしがらみにほとんど縛られることがなく、余計な調整も不要なので、パイロット的に取り組むには好都合です。

可視化経営への取り組みは、まずできることから

課題別に取り組む可視化経営の7ステップ

			戦略の可視化			マネジメントの可視化		現場情報の可視化	
	可視化経営の7ステップ 課題		Step 1 経営理念・使命を再確認する	Step 2 20年後の将来ビジョンを描く	Step 3 ビジョン、戦略、戦術をマップ化する	Step 4 スコアカードを作成する	Step 5 アクションプランを作成する	Step 6 モニタリングシステムをつくる	Step 7 経営のコクピットを完成させる
Ⅰ	ビジョン策定	ビジョンマップ作成による20年後の将来ビジョンの「見える化」	●	●	●				
Ⅱ	中期経営計画策定	戦略マップ作成による3～5年後の中期経営計画の「見える化」	●		●				
Ⅲ	年度方針策定	戦術マップ作成による翌年度の方針の「見える化」	●		●	●	●		
Ⅳ	モニタリング環境の構築	課題Ⅲの実施状況のモニタリングのためのITシステム活用	●					●	●

※課題Ⅳは、課題Ⅲ実施後に取り組む課題。

課題に応じたステップを選択する
(Step 1は、いずれの課題でも外すことができない)

4-5 現状の姿を「見える化」した簡易版戦術マップを作成してみよう

可視化マップを使いこなせるようにしておく

　戦術マップの概要については、PART3-10で説明しましたが、一度この企画フェーズで、可視化推進チームが簡易版の戦術マップの作成にトライしてみることをおすすめします。

　これには、2つの理由があります。まず第1の理由は、——

　可視化経営についてのセミナーを受講したり、書籍を読んだりしていると、可視化マップやスコアカードがいとも簡単に作成できるような錯覚に陥ります（もちろん、慣れてくれば簡単なのですが……）。初心者ゴルファーが、レッスン書を読んで上達した気になって、実は……、というのに似ているかもしれません。

　可視化マップを作成する構築フェーズの前に、可視化推進チームのメンバーが実際に可視化マップをどのくらい理解し使いこなせるかを見極めておくことが大切です。構築フェーズになって「可視化マップ作成に初挑戦」というのでは、あまりにも心許なさすぎます。

現状の戦略がいかにアバウトなものであるかを知る

　戦術マップの作成をおすすめする第2の理由は、実際に本年度取り組んでいる戦略が、いかに具体性に欠けたものであるかを身を持って体験するためです。とにかく、現在取り組んでいる戦略や施策を戦術マップに置き換えて「見える化」してみましょう。

　そして、財務、顧客、（社内の）業務プロセス、人材と変革（スキルアップ、マインドアップ、設備投資など）の視点で、現在取り組んでいることをポストイットを使って洗い出して、各ポストイットの関係を線でつないでみましょう。

　はたして、「本年度取り組んでいる戦略にタテの因果関係が見られるのか？」、「戦略をどこまで具体化できているのか？」、「結果管理で終わっていなかったのか？」など、多くの気づきがあるはずです。

　ポストイットを使って、右ページの手順①から手順④までの作業を行うと、1時間ほどで簡易版戦術マップが完成します。

　「習うより慣れろ」です。ぜひ試してみてください。

現在の施策を戦術マップにしてみよう

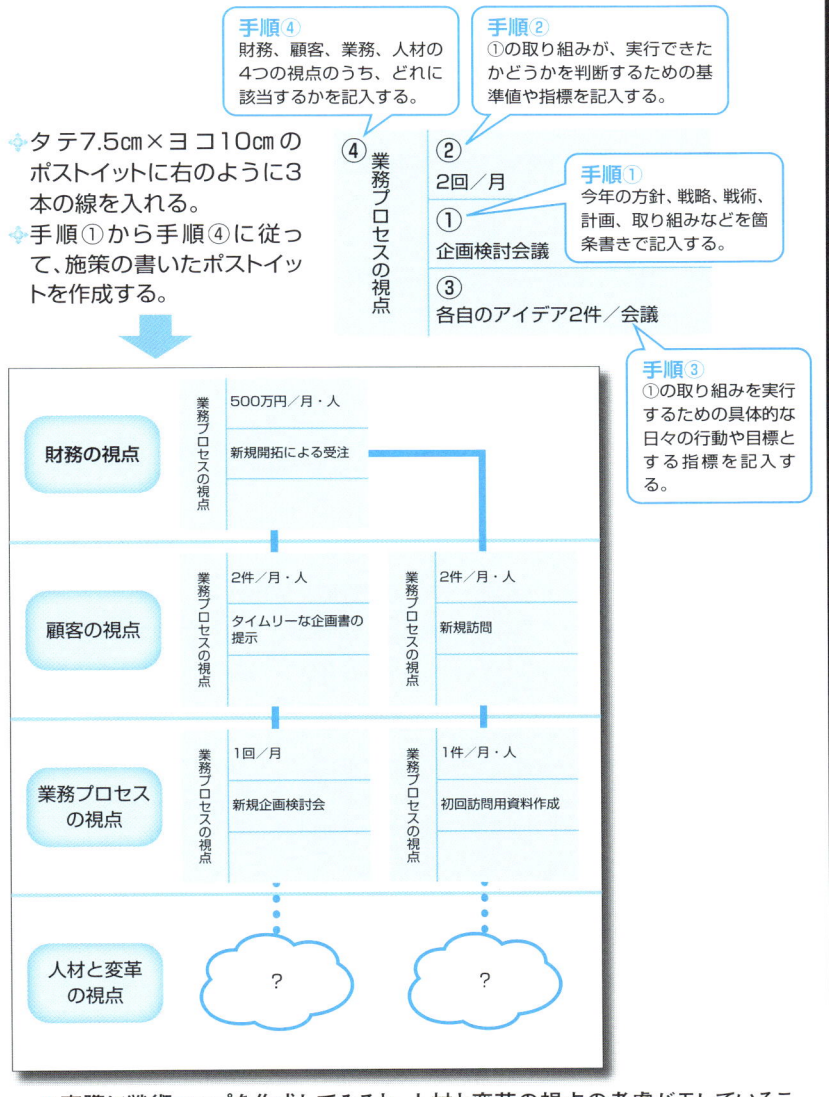

手順④ 財務、顧客、業務、人材の4つの視点のうち、どれに該当するかを記入する。

手順② ①の取り組みが、実行できたかどうかを判断するための基準値や指標を記入する。

- タテ7.5cm×ヨコ10cmのポストイットに右のように3本の線を入れる。
- 手順①から手順④に従って、施策の書いたポストイットを作成する。

④ 業務プロセスの視点

② 2回／月

① 企画検討会議

③ 各自のアイデア2件／会議

手順① 今年の方針、戦略、戦術、計画、取り組みなどを箇条書きで記入する。

手順③ ①の取り組みを実行するための具体的な日々の行動や目標とする指標を記入する。

視点		
財務の視点	業務プロセスの視点 500万円／月・人 新規開拓による受注	
顧客の視点	業務プロセスの視点 2件／月・人 タイムリーな企画書の提示	業務プロセスの視点 2件／月・人 新規訪問
業務プロセスの視点	業務プロセスの視点 1回／月 新規企画検討会	業務プロセスの視点 1件／月・人 初回訪問用資料作成
人材と変革の視点	?	?

● 実際に戦術マップを作成してみると、人材と変革の視点の考慮がモレていることや、各視点が日課指標まで落とし込まれていないことを実感するはずです。

PART 4 経営の「見える化」を企画する

4-6 スコアカードとITシステムとの連携で経営の「見える化」をモニタリング

スコアカードの日課指標とゴール指標の関係

　展開・運用フェーズでは、構築フェーズで作成したスコアカードの内容が現場で実施されているのか、成果に結びついているのかをチェックする必要があります（このチェックをITシステムで行うことをモニタリングといいます）。この段階では、現場の状況をすばやく確認するために、どのようなITシステムを構築すればよいのか、情報収集しておく必要があります。

　スコアカードには、PART3-11で説明したように「日課指標」という数値目標を設定します。これは、あらかじめ設定したアクションプランに従って、毎日くり返し行う目標値のことです。そしてスコアカードにはもう一つ、「ゴール指標」という数値目標を設定します。これは、日課指標を毎日コツコツ積み重ねることで、自然と達成することのできる文字どおりのゴールです。

　日課指標とゴール指標の関係をウォーキングにたとえると、「毎日1万歩あるく」が日課指標で、「1か月で2キロ減量」がゴール指標という感じになります。「実際に毎日1万歩あるいたのか？」、「毎日1万歩あるいて予定どおり2キロの減量に成功したのか？　減量できなかったのか？」──日課指標とゴール指標の関係性を日々モニタリングするしくみが必要になります。

データ連携に欠かせないITシステム

　個人のウォーキングの記録なら手帳や日記にメモしておけばよいのですが、会社だと対象者も多いですし、日課指標やゴール指標も一つではありません。各部門で少なくとも10個の指標を管理することになります。

　これまでの経験からいうと、財務の視点のゴール指標の実績値は、基幹業務システム（販売、仕入、生産、財務管理など）とのデータ連携が必要となります。

　そして、顧客の視点、業務プロセスの視点、人材と変革の視点の指標の実績値は、現場の活動を日々記録するIT日報システムから収集するのがよいでしょう。これは、実績を収集する頻度（最小単位は日次）や対象者（最小単位は個人）からしても密に連携したほうが効率的です。

　このような日課指標やゴール指標の目標値とその実績値が、パッと一目でわかるモニタリングのしくみが必要になります。

現場の状況をゴール指標と日課指標で「見える化」する

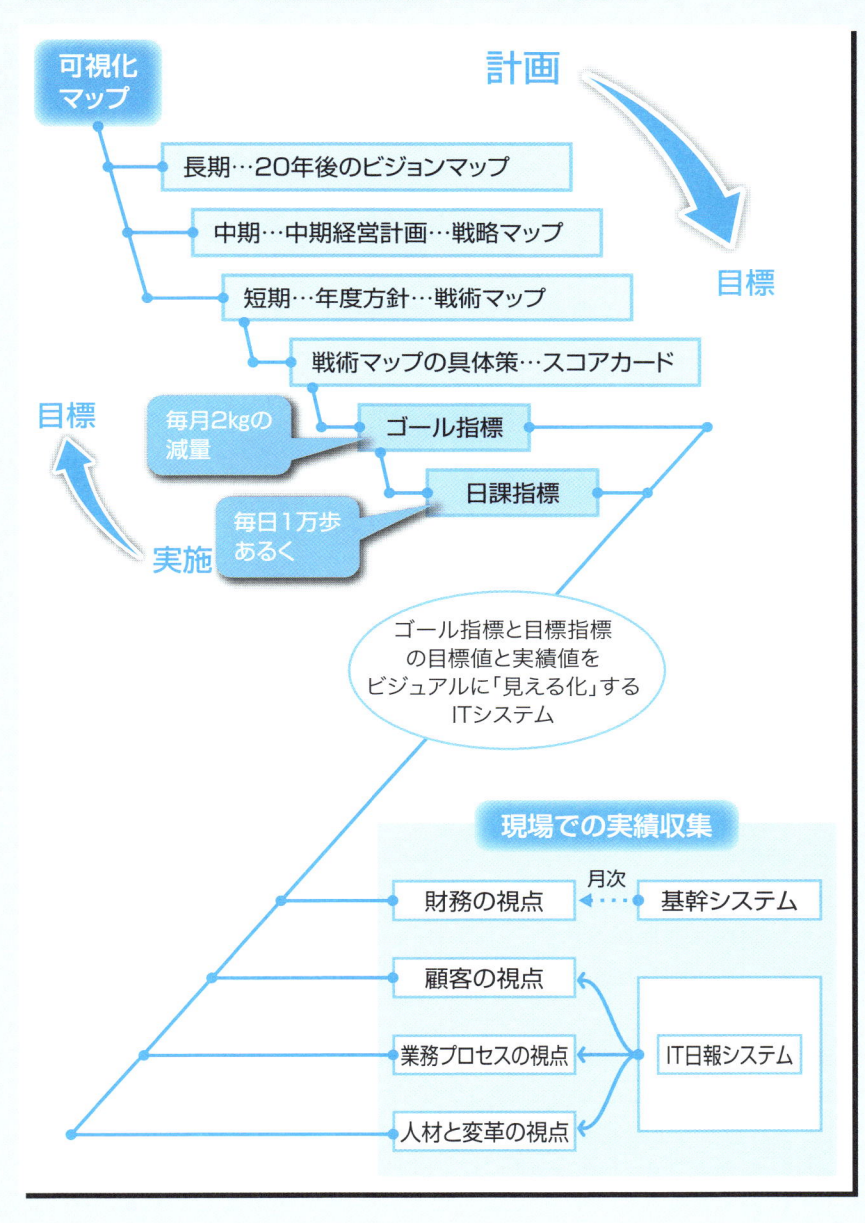

可視化マップ

計画 → 目標

- 長期…20年後のビジョンマップ
- 中期…中期経営計画…戦略マップ
- 短期…年度方針…戦術マップ
- 戦術マップの具体策…スコアカード
- ゴール指標（毎月2kgの減量）
- 日課指標（毎日1万歩あるく）

目標 ← 実施

ゴール指標と目標指標の目標値と実績値をビジュアルに「見える化」するITシステム

現場での実績収集

- 財務の視点 ←…月次… 基幹システム
- 顧客の視点 ← IT日報システム
- 業務プロセスの視点 ← IT日報システム
- 人材と変革の視点

PART 4　経営の「見える化」を企画する

4-7 効率よく作業するために外部コンサルタントを活用

コンサルタントにもいろいろなタイプがある

　これまで定常的に実施してきた取り組みや社内業務を抜本的に見直す経営改革は、外部コンサルタントの力を借りて効率よく進めていくことも検討すべきです。

　ただし、コンサルタントと一口にいっても、得意とする分野によって、戦略系コンサルタント、シンクタンク系コンサルタント、品質系コンサルタント、会計事務所系コンサルタント、人事管理系コンサルタントなど、いろいろなタイプがあるので、活用するフェーズや役割に合わせた人選を行う必要があります。

さまざまなフェーズでコンサルタントを効率的に使う

　各フェーズでの外部コンサルタントの主な役割は、以下のようなものです。

Ⅰ．企画フェーズ
- 可視化経営とは何か、可視化経営を取り組むための意義やしくみについて、クライアントの実状に即した個別セミナーや勉強会の実施。
- クライアントの抱える課題を明確にして、その課題解決策として可視化経営を全社的に取り組むべきかどうかの検討。
- 方針管理、予算管理、目標管理など、クライアントが現在運用している諸制度や部門横断的な委員会活動、プロジェクトなどの実態を調査し、可視化経営との関係の調整。

Ⅱ．構築フェーズ
- ビジョン策定、中期経営計画策定、年度方針策定のためのプロジェクトメンバーへの研修会の実施。
- 可視化経営の構築方法をプロジェクトメンバーへ直接指導。

Ⅲ．展開・運用フェーズ
- 可視化経営についての定期的な啓蒙指導、新入社員への教育研修などの実施。
- 年度方針の現場での取り組み状況を把握したり、問題を解決するための可視化レビュー会議（PART6-4参照）でのアドバイス。
- 中期経営計画見直し時の支援。

タイプによって異なるコンサルタントの得意分野

```
                    ┌─────────────────────┐
                    │   コンサルティング系    │
                    └─────────────────────┘
         ┌──────────────┐ ┌──────────┐ ┌──────┐
         │   従 来 型    │ │  ネオ・   │ │ IT系 │
         │              │ │コンサルティング│ │      │
         └──────────────┘ └──────────┘ └──────┘
```

戦略の可視化	戦略系コンサル		戦略の可視化	
ビジョン・経営戦略策定	シンクタンク系コンサル	品質系コンサル（経営品質）	＋ マネジメントの可視化 ＋ 現場情報の可視化 ⇩ 可視化経営のしくみ	
マネジメントの可視化		中小企業診断士系コンサル		
戦略遂行	人事管理系コンサル		IT活用による可視化経営システム	
現場情報の可視化		品質系コンサル（現場品質）		
モニタリング	会計事務系コンサル		しくみとシステムのバランス	パッケージ会社

※ネオ（NEO）とは、ギリシャ語で「新しい」を意味する。NIコンサルティングは、コンサルティング会社でありながら経営の「見える化」のためのモニタリングシステムを自社で保育して、新しいコンサルティング・スタイルを提供している。

PART 4　経営の「見える化」を企画する

PART 5

経営の「見える化」のしくみをつくる

5-1 可視化経営の構築フェーズは現場を巻き込んで

将来ビジョンの策定には若手社員を加える

　構築フェーズは、可視化経営の7つのステップ（PART1-10参照）に従って実際に20年後の将来ビジョン、中期経営計画、年度方針などを策定します。さらに、現場での戦略の実施状況をモニタリングするしくみの検討も行います。

　PART3-8、9、10で説明した可視化マップの検討は、経営トップ、対象組織の部門長、マネジャー、そして企画フェーズで可視化経営をよく理解している可視化推進チームを中心に進めていきます。ただし、20年後の将来ビジョンを描いて、そのビジョンを「見える化」する作業は、20年後に会社の中枢を担っているはずの、現在30歳くらいの若手社員を加えることを忘れないでください。

これからの戦略実行に欠かせない現場担当者の参加

　また、年度方針を具体化した戦術マップ化とスコアカードの作成には、現場担当者をできるだけ参加させましょう。なぜなら、先が見えない時代の戦略は、過去の経験や知識、これまで当たり前だった取り組みが通用しなくなり、あらかじめ策定した戦略の1割しか成功裡に実行されないという報告があるくらいに不確実なものになってしまったのです。

　たった1割しか計画どおりに戦略が実行されないのだから、戦略を策定すること自体ムダだと考えるのではなく、戦略は変化に柔軟に対応させるものだという発想の転換が必要です。

　これを実現するためには、現場の状況をよく知っているマネジャーや現場担当者を、戦略立案の段階から検討に参加させ、困難な状況に立ち向かうための当事者意識と今後発生する戦略の見直しをリードするための下地づくりをしておくことがポイントになります。

　ちょっとやってみて、成果が出なかったら次の一手を考える。次の一手を打って、成果が出なかったら、また次の一手を考える。——このように戦略の仮説−実施−検証のサイクルをすばやく回して、内外の環境や状況変化に対応することのできるマネジメントスタイルが求められているのです。

これからの戦略策定は、現場主導で!!

ビジョン「見える化」プロジェクト

- Step 1　経営理念・使命を再確認する
- Step 2　20年後の将来ビジョンを描く
- Step 3　ビジョンをマップ化する

経営トップ　／　対象組織の部門長　／　マネジャー 現場のキーマン　／　可視化推進チーム

＋

30歳前後のリーダシップ人材

● 20年後の将来ビジョン策定に、30歳前後のリーダシップ人材が参加することで、当事者意識を醸成することができる。

年度方針「見える化」プロジェクト

- Step 3　戦術をマップ化する
- Step 4　スコアカードを作成する

対象組織の部門長　／　マネジャー 現場のキーマン　／　可視化推進チーム

＋

現場担当者

● 年度方針の具体化は、戦略の仮説－実施－検証を高速回転させるためにも、現場担当者の参加が必要。

5-2 構築フェーズの作業体制と可視化推進チームの役割

5～6人のグループ討議が中心の作業スタイル

　構築フェーズの体制は、前述したように、基本的に対象組織の部門長、マネジャー、現場のキーマンと、企画フェーズで中心的役割を果たした可視化推進チームから成ります。

　さらに、将来ビジョン策定時には30歳前後の若手社員の参加、年度方針策定時には、現場担当者の参加の検討も必要です。

　そして、可視化推進チームあるいは、外部コンサルタントが、このメンバーに可視化経営の概要や実際の進め方などを教育することになります。

　可視化経営に向けての構築フェーズでは、このメンバーを1グループ5～6人に分けて検討を進めます。その討議を通じて、参加者は経営改革の必要性を肌で感じ、自分たちが変革の当事者であるという意識が徐々に芽生えてくるのです。

　可視化推進チームは、グループ討議の場で、参加者の積極的な発言や思考を促したり、話の流れを整理したり、参加者の認識が一致したことを取りまとめる役割を担います。

　そのため、可視化推進チームは、可視化経営を取り組むことによって必ず目的が達成されるという強い信念と成功への具体的なイメージを持っている必要があります。また、途中で頓挫させることなく、各グループをリードしていくだけの情熱も求められます。

　そのためには、グループ討議が、効果的、効率的に進められるよう、後述するようなワークツール（PART5-4参照）の使い方を理解しておくことも必要となります。

メンバーの時間確保がむずかしいという問題への対処

　この構築フェーズのメンバーは、それぞれの部門の稼ぎ頭のプレイング・マネジャーであることが多く、可視化経営について勉強したり、事前準備をしたりする時間の確保がむずかしいという場合が少なくありません。そのことが原因で、プロジェクトが頓挫してしまうケースもあるくらいです。

　こうした場合は、タイムイズマネーです。構築フェーズの立ち上げのスピードアップや質的向上のために、初年度は可視化経営の構築方法を外部のコンサルタントに任せて、メンバーは戦略の中身の検討に時間を割いたほうが賢明です。

可視化推進チームの役割

可視化推進チームは、構築フェーズの参加者の心に火を付ける触媒役だ！

可視化推進チームは、さまざまなワークツールを活用し、効果的、効率的に討議を進める**スキル**と、ビジョン実現に向けて情熱を燃やし討議をリードする**マインド**の両方が求められる。

5-3 ある部門でパイロット的に取り組みをスタートさせる

推進チームが中心となって説明会を実施

　中堅企業以上で、可視化経営の取り組みを全社で一気にスタートさせるケースはまれです。まずは、本社に近い営業拠点や本社と同居する営業部門の一部が、パイロット的に年度方針策定に取り組む場合がほとんどです。

　全社展開、パイロット展開のいずれにせよ、対象組織の部門長、マネジャー、年度方針「見える化」プロジェクトメンバーに、可視化経営を導入する経緯や目的などを理解してもらう必要があります。そのためには、可視化推進チームが中心になって**「可視化経営構築説明会」**を実施します。

　この説明会の内容は、右ページのようなものです。

　わざわざ説明会を実施するのは、これから取り組む可視化経営への気運を盛り上げるためと、可視化経営の導入の経緯や目的の伝達が、可視化推進チーム⇒部門長⇒マネジャー⇒現場担当者といった"伝言ゲーム"となってしまい、目的が十分に現場担当者に伝わらないままに戦略検討がスタートすることを避けるためです。

戦術マップとスコアカードの作成をスタート

　パイロット部門での可視化経営の検討範囲は、20年後の将来ビジョン策定や3～5年後の中期経営計画策定からスタートする場合もありますが、まずは、「小さく始めて大きく育てる」。今期や来期の年度方針の「見える化」、すなわち戦術の可視化から着手しましょう。

　説明会の実施後、年度方針に基づいた戦術マップとスコアカードの検討に入ります。通常は、上位組織の戦術マップやスコアカードを参考にしながら、自部門の戦術マップやスコアカードにモレやヌケがないか確認しながら検討を進めることができます。

　しかし、パイロット的に可視化経営に取り組む場合は、その部門がトップバッターなので、上位組織の事業部や全社の年度方針を具体化した戦術マップやスコアカードは、当然のことながら存在していません。ですから、部門長に上位組織の方針や具体策を確認しながら、場合によっては、経営トップに全社的な方針を確認しながら、自部門の戦術マップとスコアカードの検討を進めることになります。

構築フェーズは、可視化経営構築説明会でスタート

```
Ⅰ. 企画フェーズ  →  Ⅱ. 構築フェーズ  →  Ⅲ. 展開・運用フェーズ
```

Ⅱ. 構築フェーズの最初に実施するイベント

可視化経営構築説明会

可視化経営構築説明会の主な内容

❶ 可視化経営の導入経緯と目的
❷ 可視化経営の基本的な考え方
❸ 可視化経営の各ステップの進め方
❹ 自社（自部門）のビジョン、年度方針
　　…今期の年度方針と中期経営計画
❺ 自社（自部門）の財務の視点のゴール指標
　　※ゴール指標が売上の場合は、この戦略の取り組みによって達成したい積み上げ金額。
❻ 新たな戦略の取り組みで課題となる点や現状の取り組みについての改善・要望事項　など

PART 5　経営の「見える化」のしくみをつくる

5-4 構築フェーズの作業を進めるためのワークシートとグループ作業の手法

構築フェーズに欠かせないワークシート

　構築フェーズでは、可視化経営の7ステップに従って実際に可視化マップやスコアカードを作成し、現場情報をすばやく収集するためのモニタリングシステムを構築します。その作業工程や具体的な作成手順については、拙著『すべての「見える化」実現ワークブック～可視化経営システムづくりのノウハウ』（実務教育出版）で詳しく解説しましたので、実際に可視化経営に取り組むときには、そちらをお読みください。また、ワークブックの特典として、ワークシートをダウンロードできるホームページも用意してありますので、そちらもあわせてご活用ください。

　右ページは、構築フェーズで使うワークシートのリストです。

　リストの右側の、課題Ⅰ～Ⅳ（PART4-4参照）に必要なワークシートに○を付けています。このように、組織が取り組む可視化経営の範囲によって使うワークシートが決まります。

　可視化推進チームの指導のもと、上記ワークブックを片手にワークシートの作成に取り組むことが、構築フェーズのメインイベントとなります。

　ただし、くれぐれも注意したいことは、こうしたワークシートを使えば優れた戦略が自動的に創出されるわけではないということです。可視化推進チームは、参加者の心に火を付ける触媒役であり、戦略の具体的なアイデアを持っているわけではないこと、そして、ワークシートはあくまで論理的に議論を進めるためのツールだということを、メンバーによく理解させてから検討をスタートさせることが大切です。

5つのワークツールをマスターする

　グループで次の5つのワークツールを活用してワークシートを作成します。それぞれのワークツールの概要は、次項から順に説明しますので確認しておきましょう。詳しくは上記のワークブックをお読みください。

① **アイデアをたくさん洗い出す。**
② **アイデアをグルーピングする。**
③ **取り組むべきアイデアの優先順位を決める。**
④ **プロセスマップで整理する。**
⑤ **真の原因を深掘りする。**

構築フェーズで使うワークシート・リスト

課題Ⅰ	ビジョン策定	ビジョンマップ作成による20年後の将来ビジョンの「見える化」
課題Ⅱ	中期経営計画策定	戦略マップ作成による3〜5年後の中期経営計画の「見える化」
課題Ⅲ	年度方針策定	戦術マップ作成による翌年度の方針の「見える化」
課題Ⅳ	モニタリング環境の構築	課題Ⅲの実施状況のモニタリングのためのITシステム活用

可視化の3層構造	可視化経営の7つのステップ	ワークシートNo.	ワークシート名	課題Ⅰ	課題Ⅱ	課題Ⅲ	課題Ⅳ
戦略の可視化	Step 1　経営理念・使命を再確認する	01	経営理念確認シート	○	○	○	
	Step 1　経営理念・使命を再確認する	02	経営理念・サブステートメント展開シート	○	○	○	
	Step 1　経営理念・使命を再確認する	03	自社の使命設定シート	○	○	○	
	Step 2　20年後の将来ビジョンを描く	04	人生目標設定シート	○			
	Step 2　20年後の将来ビジョンを描く	05	ライフカレンダー	○			
	Step 2　20年後の将来ビジョンを描く	06	なりたい姿洗い出しシート	○			
	Step 2　20年後の将来ビジョンを描く	07	ビジョン設定シート	○			
	Step 2　20年後の将来ビジョンを描く	08	あるべき姿抽出シート	○			
	Step 2　20年後の将来ビジョンを描く	09	コアコンピタンス評価シート	○			
	Step 3　**ビジョン**、戦略、戦術をマップ化する	10	ビジョンマップ	○			
	Step 3　**ビジョン**、戦略、戦術をマップ化する	11	ビジョンマップ準備シート	○			
	Step 3　ビジョン、**戦略**、戦術をマップ化する	12	戦略マップ展開シート		○		
	Step 3　ビジョン、**戦略**、戦術をマップ化する	13	戦略マップ		○		
	Step 3　ビジョン、戦略、**戦術**をマップ化する	14	戦術マップ			○	
	Step 3　ビジョン、**戦略**、**戦術**をマップ化する	15	カードBS法実施記録		○	○	
	Step 3　ビジョン、**戦略**、**戦術**をマップ化する	16	SWOT分析シート		○	○	
	Step 3　ビジョン、**戦略**、**戦術**をマップ化する	17	マクロ環境チェックシート		○	○	
	Step 3　ビジョン、**戦略**、**戦術**をマップ化する	18	ミクロ環境チェックシート		○	○	
	Step 3　ビジョン、**戦略**、**戦術**をマップ化する	19	強み・弱みチェックシート		○	○	
	Step 3　ビジョン、**戦略**、**戦術**をマップ化する	20	TOWSマトリックスシート		○	○	
	Step 3　ビジョン、**戦略**、**戦術**をマップ化する	21	変動損益計算書		○	○	
	Step 3　ビジョン、**戦略**、**戦術**をマップ化する	22	顧客の視点戦略目標シート		○	○	
	Step 3　ビジョン、**戦略**、**戦術**をマップ化する	23	戦略目標優先順位決定シート		○	○	
	Step 3　ビジョン、**戦略**、**戦術**をマップ化する	24	業務プロセスマップ		○	○	
	Step 3　ビジョン、**戦略**、**戦術**をマップ化する	25	ボトルネック洗い出しシート		○	○	
	Step 3　ビジョン、**戦略**、**戦術**をマップ化する	26	原因ヒントシート		○	○	
	Step 3　ビジョン、**戦略**、**戦術**をマップ化する	27	可視化マップチェックシート		○	○	
マネジメントの可視化	Step 4　スコアカードを作成する	28	CSF（重要成功要因）洗い出しシート		○	○	
	Step 4　スコアカードを作成する	29	KGI（結果指標）洗い出しシート		○	○	
	Step 4　スコアカードを作成する	30	KPI（先行指標）洗い出しシート			○	
	Step 4　スコアカードを作成する	31	スコアカード			○	
	Step 5　アクションプランを決める	32	アクションプラン検討シート			○	
現場情報の可視化	Step 6　モニタリングシステムを作る	33	モニタリング方法設計シート				○
	Step 6　モニタリングシステムを作る	34	スコアカード・モニタリングシート				○
	Step 7　経営コクピットを完成させる	35	経営コンパススコープ設定シート				○

❖「可視化経営の7つのステップ」のビジョン、戦略、戦術の太字は、それぞれ、ビジョンをマップ化する、戦略をマップ化する、戦術をマップ化することを意味する。

5-5 グループでよいアイデアを出すときに有効なカードBS法

用意するものはポストイットとサインペン

　可視化経営の構築作業に限らず、短時間で多くのアイデアを抽出するには、ポストイットを使ったカードBS法（BS＝ブレインストーミング）が効果的です。

　用意するものはポストイット（タテ7.5cm×ヨコ10cm）とサインペンだけです。ポストイット1枚につき1つのアイデアを書き出します。

　まず最初に、個人のアイデア創出のために5分間の発想タイムを設けます。

　時間がきたら、1回目のポストイットの発表タイムです。トランプの7並べの要領で、1人1枚ずつポストイットの内容を読み上げながら場に出します。

　なお、発表するアイデアの中身については、以下のような基本的なルールを守るようにします。

① **自由奔放**：言いたい放題、自由に発想
② **批判厳禁**：他人の意見を絶対に批判しない
③ **質より量**：少々ピントがボケていても、どんどんアイデアを出す
④ **便乗歓迎**：他人の意見を参考にして発想する

個人の発想タイムとグループでの発表タイムをくり返す

　すべてのアイデアが出そろったら、2回目の個人の発想タイムを5分間設けます（少なくとも2回の発想タイムを設けること）。だいたい、2回目の発想タイムで捻り出したアイデアのほうが、本質をついている場合が多いものです。

　このときのルールは、たった1つだけ。紙が無駄になるから、すでに場に出されているポストイットと同じ内容を書かないことです。ただし、すでに場にあるポストイットの内容をどんどん発展させてアイデアを出すことは大歓迎です。

　時間がきたら、1回目と同様に2回目の発表タイムです。全員のアイデアが場に出そろうまで、テンポよく発表を続けます。

　こうしたグループによるカードBS法は、個人の発想タイムとグループの発表タイムを分けることで、メンバーが出したアイデアから再度発想できる点が特徴で、アイデアを洗い出すには非常に有効な方法となります。

構築フェーズの作業手法①…カードBS法

手順① 個人の発想タイム（5分）

> 個人で集中して考える。

手順② グループでの発表タイム

> トランプの7並べのように、1人1枚ずつ発表する。

手順③ 2回目の個人の発想タイム（5分）

> 2回目のアイデアにグッドアイデアが多い。

手順④ 2回目のグループでの発表タイム

> 所要時間30分、6人で100枚近くのアイデアが、出そろうはず。

PART 5　経営の「見える化」のしくみをつくる

5-6 抽出したアイデアを分類してまとめるグルーピング手法

たくさんのアイデアを分類・整理する

　次に、洗い出したアイデアを分類してまとめる作業について、前項のカードBS法の流れで説明します。

　たとえば6人でカードBS法を行うと、100枚くらいのポストイットがたまるはずです。メンバーは手分けして、類似した内容のポストイットどうしを集めて分類します。

　そして、メンバー1人ずつ順番に、分類したポストイットの内容を発表します。

　他のメンバーの手元にまったく同じ内容のポストイットがあれば、発表者のポストイットの上に重ねます。また、類似した内容のポストイットがあれば、その内容を示し、発表者のポストイットの下に追加します。

　発表が終わったら、発表者が分類したポストイットにふさわしい分類名をつけます。全員のポストイットがなくなるまで発表をくり返します。

ポストイットの枚数を見て、分類のくくりを調整する

　最後に、各分類のポストイットの枚数を確認して調整します。

　もし、1つの分類に10枚以上のポストイットがあれば（重ねた同一内容のポストイットは1枚と数える）、その分類のくくりは大きすぎます。分類自体をもう少し小さく分解できないかを検討しましょう。

　逆に、ポストイットが2～3枚といった場合は分類のくくりが小さすぎるので、他の分類と統合できないかを検討しましょう。

　アイデアの洗い出しからここまで、おおよそ45分で完了するはずです。カードBS法では、質より量というルールでアイデア出しに注力し、グルーピング手法で類似のポストイットを分類しました。最後に分類したポストイットの中身を吟味して質の確認をして、ふさわしくないものは除外します。吟味するためには、カードBS法でアイデア抽出したときの「そもそもの目的」に立ち帰ることです。

　どうですか？　わずか1時間足らずの作業で、10種類程度の分類ができ上がりました。一人の作業ではこんなにうまくはいきません。

構築フェーズの作業手法②…グルーピング

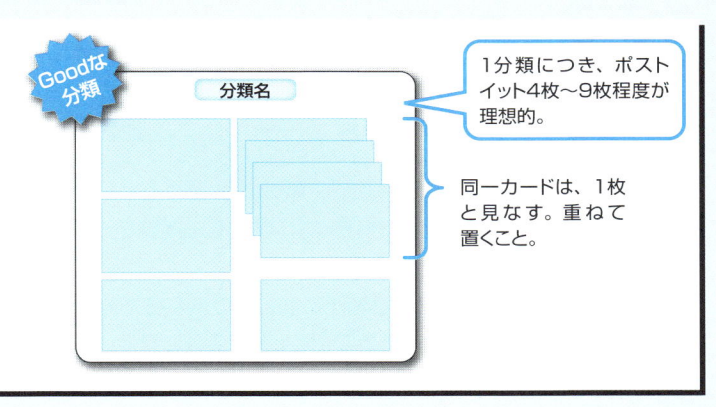

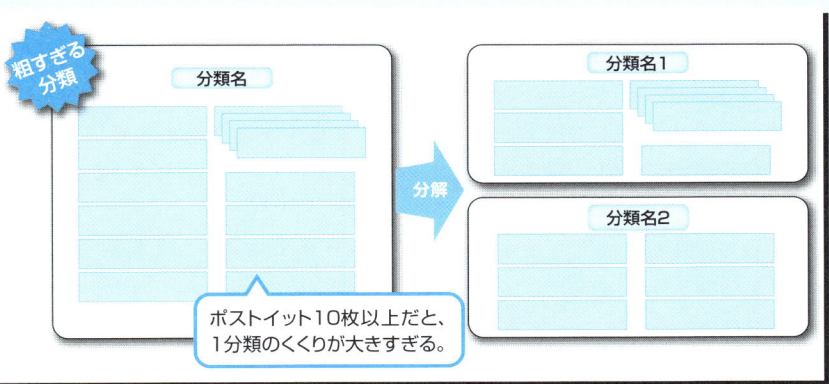

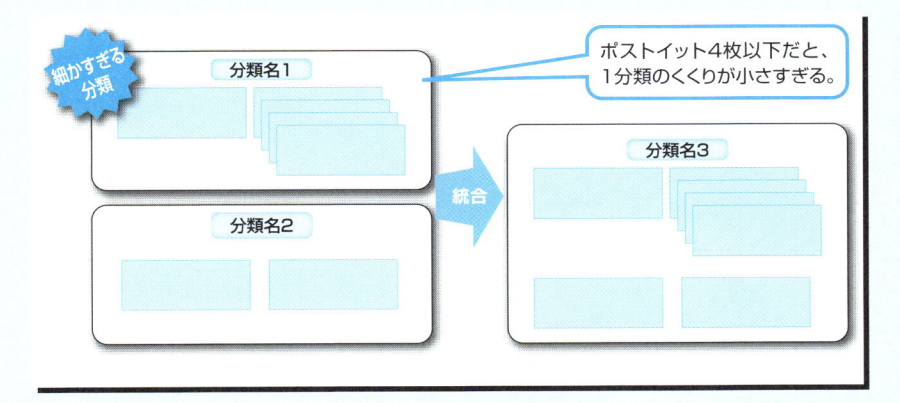

Goodな分類

分類名

1分類につき、ポストイット4枚～9枚程度が理想的。

同一カードは、1枚と見なす。重ねて置くこと。

粗すぎる分類

分類名

→ 分解 →

分類名1

分類名2

ポストイット10枚以上だと、1分類のくくりが大きすぎる。

細かすぎる分類

分類名1

分類名2

→ 統合 →

分類名3

ポストイット4枚以下だと、1分類のくくりが小さすぎる。

PART 5 経営の「見える化」のしくみをつくる

5-7 重要度×緊急度マトリックスで優先順位を決める

縦軸は重要度、横軸は緊急度でマトリックス分析

　洗い出したアイデアに優先順位をつける方法を、前項からの流れで紹介します。

　分類されたポストイットは、各分類の相対的な優先順位が一目でわかるように、マトリックスにして「見える化」しておきます。

　マトリックスの縦軸は自社（自部門）としての重要度であり、横軸は自社（自部門）としての緊急度です。ここで重要なことは、事前に自社（自部門）としての重要度は何か、緊急度は何かを具体的に定義しておくことです（**右ページの手順①**）。

優先順位が一目でわかるマトリックスを作成するコツ

　マトリックスを作成するコツを以下に説明します。

　まず、絶対的に優先しなければならない分類がある場合には、はじめにマトリックス右上の「重要度（大）で緊急度（大）」の位置に貼り付けておきます（**たとえば、右ページの手順①の分類9**）。

　次に他の分類をどう配置するかですが、重要度と緊急度の2つの評価軸で考えるとややこしいので、まず重要度だけでそれぞれの分類を比較し、すべての分類のポストイットを中央の縦軸上に並べます（**右ページの手順②**）。

　こうして重要度の優先順位づけをした後で、緊急度を判断します。その際に、たとえば横軸の右端を「即時実施」として、左端を「3年以内に実施」、中央を「1年以内に実施」というように、具体的に時間を入れてみて、その時期にふさわしいところに分類のポストイットを平行移動します（**右ページの手順③**）。

　分類のマトリックスが完成したら、さらに各分類に属している各々のポストイットの内容を再確認して優先順位を確定させます。

　一般的に、重要度（大）で緊急度（大）の位置にある項目（**右ページの手順①の第1エリア**）が、優先順位としては一番高いということになります。しかし、この第1エリアに配置された分類は、すでに会社として着手している場合も少なくありません。その場合は、第2エリアの重要度（大）で緊急度（小）で先送りされた分類を意識的に選択する場合もありです。

　いずれにせよ、どういう経緯で優先順位が決まったのか、のちのちわかるように、このようなマトリックスで「見える化」しておく必要があります。

構築フェーズの作業手法③…優先順位の見える化

手順①

事前に自社としての重要度、緊急度とは何かを定義しておく。

（例）
- ●重要度…実現可能性、効果、労力、影響度、収益、コストなど
- ●緊急度…大→即時実施
  中→1年以内に実施
  小→3年以内に実施

自社としての重要度（大）
　　　　　　　　　　　分類9
第2エリア　　第1エリア
自社としての緊急度（小）／自社としての緊急度（大）
自社としての重要度（小）

手順②

自社としての重要度で相対的に優先順位をつける。

自社としての重要度（大）
分類3　分類9
分類5
分類6
分類1
分類4
分類2
分類8
分類7
自社としての重要度（小）

手順③

自社としての緊急度で相対的に優先順位をつける。

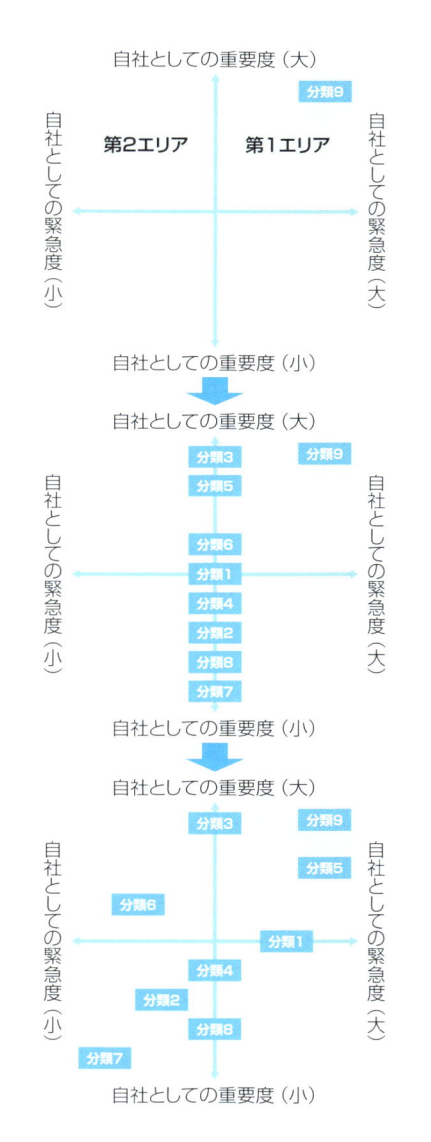

自社としての重要度（大）
分類3　　分類9
　　　　　分類5
分類6
　　　　　分類1
　　分類4
　分類2
　　分類8
分類7
自社としての重要度（小）

5-8 プロセスマップを作成して正しい仕事の流れを整理する

標準化された理想的な業務フロー図

　プロセスマップとは、活動や工程を標準化した理想的な業務フロー図のことです。このプロセスマップの作成は、現状の業務の流れの問題点を改善して標準化し、その標準化した業務フローを「見える化」して、業務自体の効率や成果を上げようとする取り組みです。

　右ページの一番上は、A君の朝の行動を時間の経過に伴い矢線で結んだフロー図です。

　もしA君が、たびたび会社に遅刻するのであれば、右ページのように、とくに問題となりそうな工程の行動に注目して（この場合は"洗顔"）、さらに"洗顔"の部分を詳細化したフロー図を描いて問題を特定していきます。

　このように、業務フロー図は最初から細かく描かずに、大まかな流れ図を表わし、問題の発生しやすい工程やボトルネックとなる工程に焦点を当てて、その工程だけを段階的に詳細化していけばよいのです。

現状の業務フローの問題を把握するための6つの視点

　可視化経営の業務プロセスの視点では、新たな取り組みや現在の業務改善を行う際に、現状の業務フロー図を作成して、以下の6つの視点で、現状の業務フローに問題がないかを確認することで、より理想的な業務フロー図、すなわちプロセスマップを作成することができます。

① **工程自体にヌケが発生していないか。**
② **工程を実施する部署や対象者において、特定の部署や対象者だけにモレが発生していないか。**
③ **ある工程で類似の工程がダブって存在し、非効率を起こしていないか。**
④ **各工程が機能して徹底的に回っているか。**
⑤ **各工程がきっちりと各工程のかかげた目標を達成しているか。**
⑥ **各工程にかかる時間が、予定よりもかかりすぎていないか。**

　逆に、作成した業務フロー図をこれら6つの視点で確認しながら、プロセスマップ（**右ページ❶理想形の業務フロー図**）の完成度を高めるようにしてください。

構築フェーズの作業手法④…ボトルネックの「見える化」

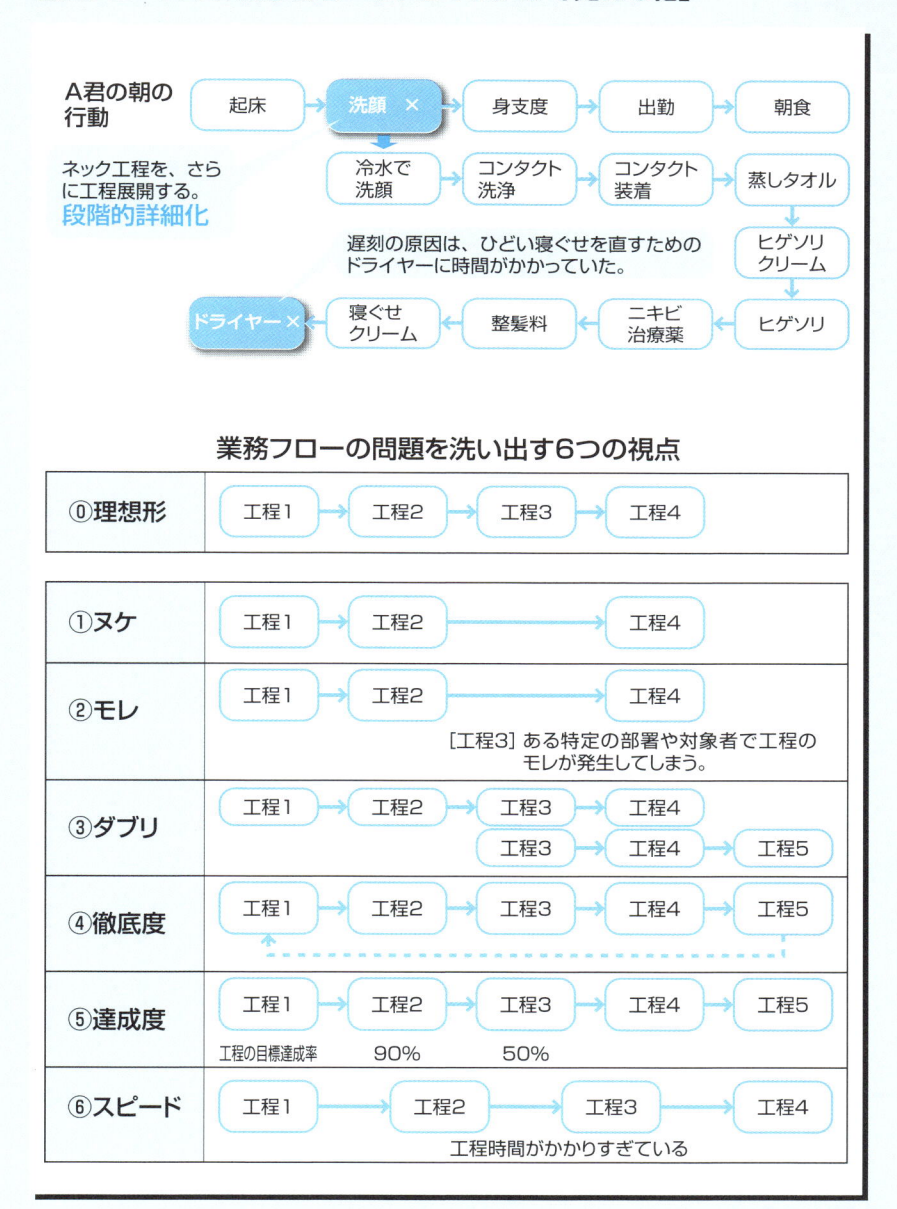

A君の朝の行動

起床 → 洗顔 ✕ → 身支度 → 出勤 → 朝食

ネック工程を、さらに工程展開する。
段階的詳細化

洗顔 → 冷水で洗顔 → コンタクト洗浄 → コンタクト装着 → 蒸しタオル → ヒゲソリクリーム → ヒゲソリ ← ニキビ治療薬 ← 整髪料 ← 寝ぐせクリーム ← ドライヤー ✕

遅刻の原因は、ひどい寝ぐせを直すためのドライヤーに時間がかかっていた。

業務フローの問題を洗い出す6つの視点

⓪理想形	工程1 → 工程2 → 工程3 → 工程4				
①ヌケ	工程1 → 工程2 → → 工程4				
②モレ	工程1 → 工程2 → → 工程4　［工程3］ある特定の部署や対象者で工程のモレが発生してしまう。				
③ダブリ	工程1 → 工程2 → 工程3 → 工程4／工程3 → 工程4 → 工程5				
④徹底度	工程1 → 工程2 → 工程3 → 工程4 → 工程5（工程1へ戻る）				
⑤達成度	工程1 → 工程2 → 工程3 → 工程4 → 工程5　工程の目標達成率　90%　50%				
⑥スピード	工程1 → 工程2 → 工程3 → 工程4　工程時間がかかりすぎている				

PART 5　経営の「見える化」のしくみをつくる

5-9 「なぜ？」と「どのようにして？」のくり返しで、問題の解決を図る

問題の真の原因をつかみ、解決策を見い出す

　トヨタ自動車の製造現場では、何か問題が発生すると、その原因を究明するために、「なぜ？」を5回くり返すというのは有名な話です。

　たとえば右ページのように、「最近、仕事で凡ミスが多い」という問題について、「なぜ？」をくり返しながら、その真の原因（真因といいます）を探るのです。

　この例のように、「なぜ？」を5回くり返して「最近、仕事で凡ミスの多いのは、枕が低いせい」だと真因がわかれば、すんなりと解決策を見いだせる場合もあります。

　しかし、場合によっては真因がわかっても解決策がすぐに見つからないこともあります。その場合は、問題の真因に対して今度は、「どのようにして？」という言葉をくり返しながら解決策を導きだします。

　そして最後に、その解決策に対して「それだけでOKか？」という言葉を投げかけて、他に解決のための選択肢がないかを自問自答します。

可視化マップやスコアカードの作成に欠かせない手法

　こうした原因を深掘りしたり、解決策を導くための手法は、可視化マップ（ビジョンマップ、戦略マップ、戦術マップ→PART3-8、9、10参照）やスコアカード（PART3-11参照）の作成において欠かせないものです

　「なぜ？」のくり返しは、可視化マップの人材と変革の視点⇒業務プロセスの視点⇒顧客の視点⇒財務の視点の下から上へのタテの因果関係にあてはまります。

　また、「どのようにして？」のくり返しは、財務の視点⇒顧客の視点⇒業務プロセスの視点⇒人材と変革の視点の上から下へのタテの因果関係にあてはまります。

　そして、スコアカードにおける戦略目標－ゴール指標－日課指標の左から右へのヨコの因果関係もまた、「どのようにして？」というくり返しとなります。もちろん、逆に右から左へさかのぼれば、「なぜ？」のくり返しとなります。

　「なぜ？」と「どのようにして？」のキーワードを何度かくり返しながら、各視点や指標の関係が、しっくりくるか、理屈に合うかどうかを確認します。小さい子供がお父さんに、「なぜ？」、「どうして？」と聞くのと同じように、日ごろからチェックするクセを身につけておきたいものです。

構築フェーズの作業手法⑤…ロジカルな原因深掘り法

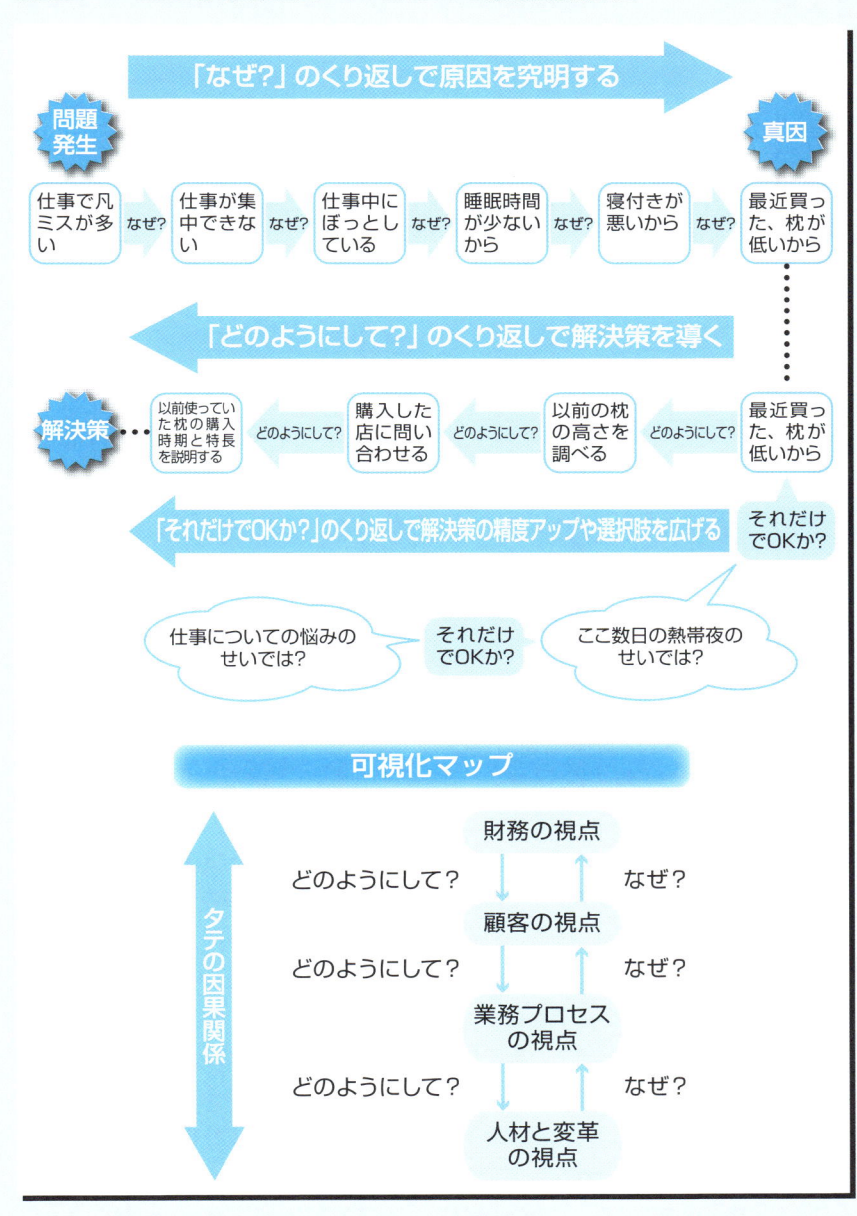

「なぜ？」のくり返しで原因を究明する

問題発生 → 仕事で凡ミスが多い →(なぜ?)→ 仕事が集中できない →(なぜ?)→ 仕事中にぼっとしている →(なぜ?)→ 睡眠時間が少ないから →(なぜ?)→ 寝付きが悪いから →(なぜ?)→ 最近買った、枕が低いから → 真因

「どのようにして？」のくり返しで解決策を導く

解決策 ← 以前使っていた枕の購入時期と特長を説明する ←(どのようにして?)← 購入した店に問い合わせる ←(どのようにして?)← 以前の枕の高さを調べる ←(どのようにして?)← 最近買った、枕が低いから

「それだけでOKか？」のくり返しで解決策の精度アップや選択肢を広げる

- 仕事についての悩みのせいでは？
- それだけでOKか？
- ここ数日の熱帯夜のせいでは？

可視化マップ

タテの因果関係

財務の視点
　どのようにして？　↓　なぜ？
顧客の視点
　どのようにして？　↓　なぜ？
業務プロセスの視点
　どのようにして？　↓　なぜ？
人材と変革の視点

PART 5　経営の「見える化」のしくみをつくる

5-10 可視化推進チームによる全社目線の総仕上げ

可視化マップやスコアカードのチェック

　可視化推進チームのメンバーは、構築フェーズにおけるグループ討議の活性化を手助けしたり、可視化マップやスコアカードの作成方法についてのアドバイスを行います。
　また、可視化マップやスコアカードといった各部門が作成した最終成果物に対して、以下のような観点で評価して、不備や不具合をフィードバックする役割を担っています。

① **戦略マップの戦略目標のモレ・ヌケ・ダブリや各視点の戦略目標がつながっているかの確認。**
② **スコアカードのタテとヨコの因果関係が流れているか、表現は適切かの確認。**
③ **ビジョンマップ、戦略マップ、戦術マップの各マップの時間軸の関係。整合が取れているかの確認。**

　ただし、あくまでも可視化経営の作成ルールに則っているかどうかを確認するもので、作成した中身自体の評価や指摘をするものではありません。

部門最適から全体最適へ

　さらに、本社－支社－支店や全社－事業部－部といった組織間を調整して、全体最適を図る重要な役割も担っています。
　たとえば法人営業本部内に関東支社、中部支社、大阪支社があり、それぞれ支社の配下に支店が数か所ずつある場合は、営業本部の目線で各支社・支店の可視化マップやスコアカードをチェックし、支社間、支店間で整合が取れているかどうかを確認しなければなりません（右ページ図・左右の因果関係）。
　さらに、法人営業本部と各支社、各支社と配下の各支店の可視化マップやスコアカードの整合についても確認が必要となります（右ページ図・上下の因果関係）。
　日ごろ分業体制でそれぞれの仕事をしているため、えてして部門最適が最終ゴールとなりがちです。単に部門最適の積み上げが、全社最適になるのか、可視化推進チームの調整のもとで行うこうした総点検作業は、営業本部長や各支社長をはじめとする全社員が全社的、部門横断的な目線で戦略を検討するよい機会となります。
　こうした全体最適のための組織間の調整は、全体を客観的に見渡せる立場にある可視化推進チームが中心になって行うのが一般的です。

部門（部分）最適から全体最適への調整

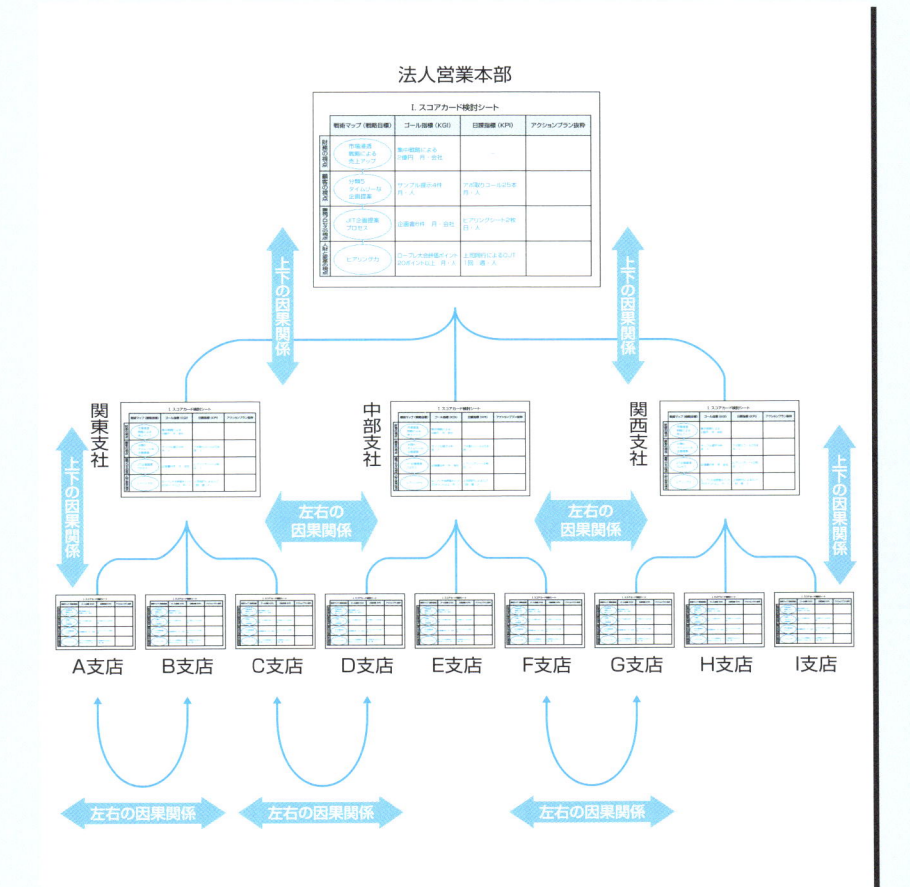

法人営業本部

関東支社　中部支社　関西支社

上下の因果関係　左右の因果関係

A支店　B支店　C支店　D支店　E支店　F支店　G支店　H支店　I支店

左右の因果関係

- 上下の因果関係……本部と支社、支社と支店との関係の調整
  左右の因果関係……支社間、支店間の調整

- 各支社や支店の可視化マップやスコアカードの最適化（部分最適）と、法人営業本部としての最適化（全体最適）を調整する必要がある。

PART 5　経営の「見える化」のしくみをつくる

PART 6

経営の「見える化」の展開・運用

6-1 展開・運用フェーズに至るまでに、多くの人に当事者意識を植え付ける

結果を自らのこととして受け止める当事者意識

　展開・運用フェーズは、全社員が可視化経営のしくみを理解し、仮説である戦略を実行し、期待すべき結果が得られない場合は改善策を検討し、その改善策をまた仮説とし実行する——この一連のプロセスをコツコツと日々積み重ねる取り組みです。

　各部門での展開は、構築フェーズメンバーが中心となって、現場の社員をリードしていきます。また、大きな組織では、マネジャーが可視化推進チームから個別に教育訓練を受けて、自部門に戻って可視化経営の推進役として展開を図っていくことになります。

　この展開・運用フェーズを成功裡に導くために欠かせないことがあります。それは、戦略を実行した結果を自らのこととして受け止める現場担当者の当事者意識です。

　しかし、現場担当者がこれまで何も知らされていない状況では、当事者意識など持ちようがありません。いきなり、「今日からこのビジョンや戦略を実現するために、指示・命令どおりに日課指標に取り組め」といわれても、他人事としか受け取れません。

構築フェーズに現場の社員を参加させる意味

　いまや、戦略に対する取り組みが試行錯誤となり、上司から一方的に指示・命令されて仕事に取り組んでも、そう簡単に成果が得られない時代なのです。であれば、現場担当者自らが考えた戦略に取り組んだほうがモチベーションも上がるし、結果への執着も高まるはずです。

　たとえが悪いかもしれませんが、どんなに不細工な顔をしていても、わが子はかわいいものです。それと同じように、自らが戦略の立案に参加し、検討に検討を重ね、難産の末に生み落とした戦略は、思い入れも強い"My Baby"なのです。また、そこから責任感も湧いてくるはずです。

　だから、可視化経営に対する現場担当者の取り組みに真剣さが足りないとか、運用が定着しないとか、展開・運用フェーズになってジタバタしても遅いのです。構築フェーズからできるだけ多くの現場の社員が戦略の検討に参加し、当事者意識を持ってもらうことが運用定着のための一番のポイントになります。

多くの人が当事者意識を持つことが、運用・定着のカギ

- 検討のプロセスを共有することで、ビジョンや戦略の理解が深まった。
- 全社的な視点で課題が共有できた。
- こうやってグループ討議をすると問題意識や士気が高まるな。
- 部門横断的に役職や立場の違う人と交流できて気づきを得られた。

モラールUP　課題共有　相互理解　気づき

構築フェーズのグループ討議による当事者意識

↓

可視化経営 運用定着

この可視化マップやスコアカードは、自ら苦しんで生み出した、My Babyだから、皆で愛しみ育て上げていこう!!

	戦術マップ（戦略目標）	ゴール指標（KGI）	日課指標（KPI）
財務の視点	市場浸透戦略による売上アップ	集中戦略による2億円　月・会社	
顧客の視点	分類5 タイムリーな企画提案	サンプル提示4件　月・人	アポ取りコール25本　月・人
業務プロセスの視点	JIT企画提案プロセス	企画書6件　月・全社	ヒアリングシート2枚　日・人
人材と変革の視点	ヒアリング力	ロープレ大会評価ポイント20ポイント以上　月・人	上司同行によるOJT 1回　週・人

PART 6　経営の「見える化」の展開・運用

6-2 経営トップが自らの言葉で可視化経営のキックオフ宣言を

可視化キックオフ大会での経営トップの役割

　構築フェーズで作成した可視化マップ（ビジョンマップ、戦略マップ、戦術マップ）やスコアカードを、現場に展開するタイミングは、事業年度の初めからとか下期からといった切りがよい時期からスタートする場合が大半です。

　毎年、社内向けの事業方針説明会や経営方針大会などを開催している会社であれば、そこで可視化経営に取り組む目的など、右ページの内容で可視化経営の主旨説明を経営トップが自らの言葉で行います。

　既設の事業方針説明会や経営方針大会などの社内向けの説明会を実施していない場合は、個別に**「可視化キックオフ大会」**を開いて、経営改革のスタートを宣言し、その内容を広く社員に周知させておく必要があります。「可視化キックオフ大会」は、経営トップの思いが全社員に完全に浸透するまでくり返し説いていくためのスタートの場になります。そして次の点をしっかり表明することが重要となります。

① **この取り組みは、経営陣が認知した重要な経営改革活動であること。**
② **これからも経営トップをはじめとする経営陣が、強力にこの活動をバックアップしていくこと。**
③ **一部の熱心なメンバーだけの活動で終わらせず、全社的な経営改革活動として突き進んでいくこと。**

可視化推進チームや対象部門の責任者からの説明

　これまで、企画や構築フェーズにかかわってきたプロジェクトメンバーは、可視化経営を理解しています。先に説明したように、できるだけ現場担当者の構築フェーズでの検討参加が望ましいものの、この段階まで多くの社員は可視化経営についてほとんど知らない状態です。「可視化キックオフ大会」は、パイロット的に可視化経営に取り組む対象部門だけが参加するのではなく、全社員が参加する絶好のチャンスですから、経営トップの宣言に続いて可視化推進チームのメンバーが、可視化経営の概要について1時間ほど説明するとよいでしょう。

　さらに、対象部門の責任者が、自部門における可視化経営の取り組みについて、可視化マップやスコアカードを使いながら具体的に説明することで、経営改革への決意と意気込みを現場に浸透させていきます。

可視化キックオフ大会でスタート

> 経営トップが、自らの言葉で可視化経営のキックオフを宣言する。

経営トップによる可視化経営の主旨説明

- 可視化経営に取り組む目的
- これまでの経緯
- なぜ経営の「見える化」が必要なのか
- 経営の「見える化」で何がどう変わるのか
- 対象範囲と対象組織

可視化推進チームからの説明

- 可視化経営の概要
- 他社の成功事例　など

対象部門の責任者からの説明

- 可視化経営の取り組みについて
- 実行宣言
- スケジュール
- 可視化マップ
- スコアカード
- モニタリングツール

6-3 可視化経営モニタリングツールによるコクピット経営の実現

コクピット経営のイメージ

　コクピット経営の運用イメージを紹介します。
　朝9時に出勤し、PCの電源を入れ、IDとパスワードを入力。
　グループウェアが立ちあがってきます。
　グループウェアのトップページの可視化マップが目に飛び込んできます。これは、スケジュールやメール通知と同一の画面にあらかじめ設定しておいた自部門の戦術マップです。信号機と同じように、戦略の取り組み状況を色で表しているため、否が応でも目につきます。
　気になる戦術マップの戦略目標をクリックすると、これまでの推移が現れます。ゴール指標の黄色は、これまでの赤色がだんだんと良くなって黄色になった（上り調子）ものなのか？　それとも、これまでの青色がだんだんと悪くなって黄色になった（下り調子）ものなのか？　日次、週次、月次、四半期単位で確認することができるのです。
　また、スコアカードの各視点のゴール指標や日課指標のそれぞれの目標値や実績値を、月別、四半期別に確認することも可能です。さらに、その実績値をクリックすると、その実績値の明細、さらにクリックすると、商談情報、顧客情報、面談者情報、案件情報、クレーム情報、業務情報など、その実績値のベースとなったIT日報システムの明細へもジャンプしてくれます。

経営の「見える化」とは、「見せる化」と「見る化」にあり

　このように、自ら取り組みを宣言したスコアカードのゴール指標や日課指標の状況を、毎朝必ず立ち上げる視認率100％のグループウェアに埋め込み、現場の戦略の状況を強制的に「見せる化」することで、戦略に対する実行への意識づけを行います。
　さらに、赤色や黄色で示されたスコアカードのゴール指標や日課指標の実績値と、そのベースとなった現場の具体的な情報とをシームレスにつなげることで、問題を究明するための環境（自らの意思で原因を探す＝「見る化」）を提供します。
　経営の「見える化」とは、まず問題がパッと一目でわかるように、現状を「見せる化」（受動的）することと、問題解決のヒントとなる現状の「見る化」（能動的）の2つがスムーズに行えることが必要となります。

現場の情報を「見せる化」と「見る化」で経営の「見える化」を実現

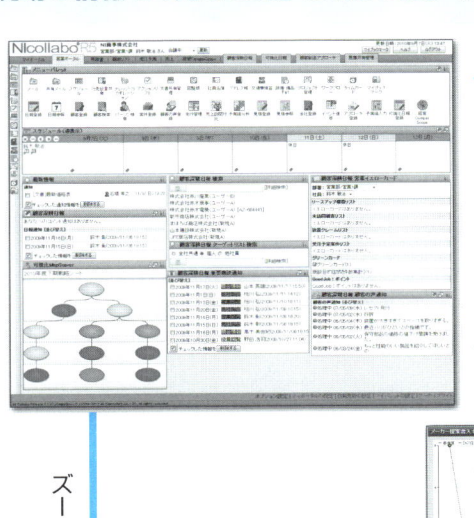

ズームアップ

ジャンプ

❖ 毎朝起動するグループウェアに埋め込んだ可視化経営モニタリングツール「可視化マップスコアラー」で、今年度の戦術マップの達成状況を表示する。戦略目標の色が、青色ならOK、赤色や黄色なら要注意だ。

❖ 戦略目標をクリックすると、棒グラフで、これまでの推移を表示する。

❖ 部署や担当者を選択することにより、該当する戦術マップの達成状況を表示する。

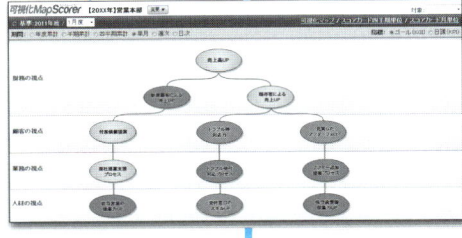

ジャンプ

❖ 月別、四半期別のスコアカードを表示する。
❖ 実績値をクリックすると、IT日報システムの内容にジャンプする。

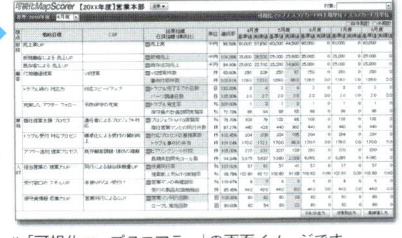

※上記は、NIコンサルティングの可視化経営モニタリングツール「可視化マップスコアラー」の画面イメージです。

6-4 現状把握だけの営業会議を対策会議に変える

担当者ヒアリングに多くの時間が費やされる会議

　毎月営業会議を開いている会社は多いと思いますが、その内容はどのようなものでしょうか。だいたい、本社主催であれば支店や営業所単位、支店や営業所主催であれば課や担当者単位の売上目標と実績の報告、そして今後の見込みと差額対策、最後に懸案事項の説明といった内容ではないでしょうか。

　時間にして2時間から長くて半日。業績が悪くなると、会議の頻度や1回当たりの時間が長くなる傾向にあります。

　はたして実態は、上司が現状把握するために、担当者への質問⇒担当者の苦しい言い訳⇒上司の厳しい突っ込み⇒担当者のしどろもどろの言い訳⇒上司の説教のような、いや激励のような精神論……。これが担当者一人ひとり延々と続きます。──いろんな営業会議に立ち会いましたが、大なり小なりこのようなものです。

　多くの時間が、担当者への個人攻撃、いや個人ヒアリングという非生産的な時間に費やされ、他の担当者は、その間順番待ちです。これから何をどうするのかという肝心かなめの部分については、さしたる解決策や指示もなく時間切れ。結局、担当者の属人的ながんばりに委ねられることになります。

日課指標やゴール指標のレビューが中心の会議へ

　可視化経営では、こうした不毛な営業会議をやめ、この際名称も改めて、**「可視化レビュー会議」**を行うことをおすすめします。スコアカードでコミットした日課指標やゴール指標のレビュー（再評価、精査、再検討）を部内で月1回実施するのです。可視化レビュー会議では、以下の4つのポイントを中心に確認します。

① **スコアカードの日課指標のなかで達成できない日課指標の原因の深掘り。**
② **日課指標の達成が、ゴール指標の達成に結びつかない場合の原因究明。**
③ **日課指標が達成していないのに、ゴール指標が達成している場合の対策。**
④ **ゴール指標の一部しか達成せず、最終的に財務の視点のゴール指標に結びつかない場合の対策。**

　可視化経営モニタリングツール「可視化マップスコアラー」（前項参照）を活用して、会議の前に現状把握しておくことで、これまでの現状把握中心の非生産的な会議から対策中心の生産的な会議へと変化させることができます。

会議スタイルを変える。現場の動きが変わる。仮説検証にこだわる。

- これまでの状況報告中心の会議から意思決定のための会議へと時間配分を変え、会議自体を効果性の高いものに変える。

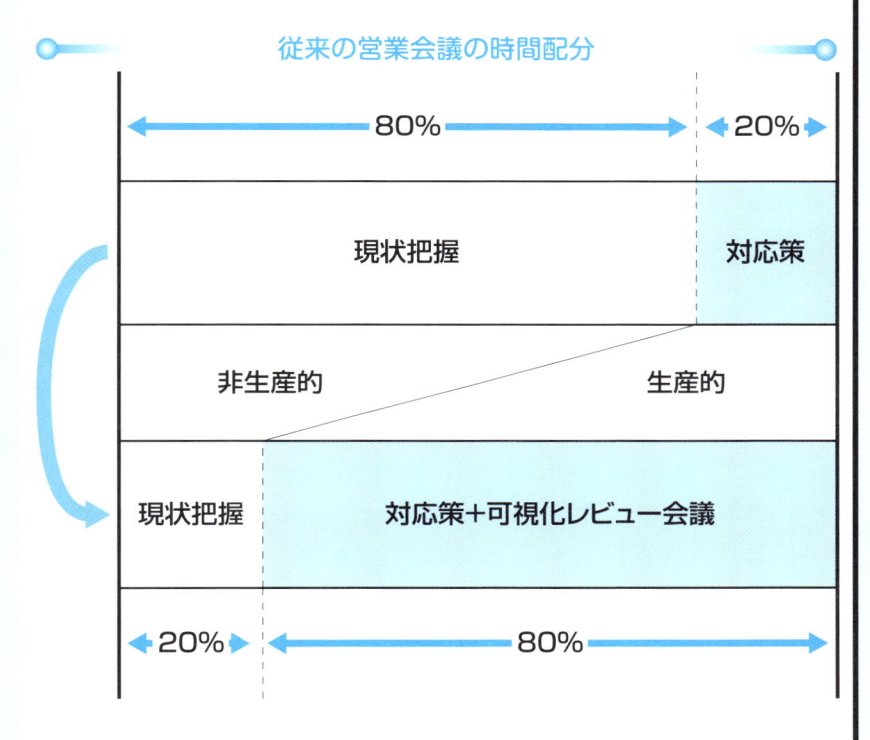

従来の営業会議の時間配分

80%	20%
現状把握	対応策
非生産的	生産的
現状把握	対応策＋可視化レビュー会議
20%	80%

今後の営業会議（可視化レビュー会議）の時間配分

可視化レビュー会議のルール

❶ 事前に可視化経営モニタリングツール「可視化マップスコアラー」で現状把握してから会議に参加すること。

❷ 会議における現状把握のための時間は20％以下にすること。

❸ 対応策を即時可視化経営モニタリングツール「可視化マップスコアラー」に反映させ、PSDSサイクルをきっちり回すこと。

PART 6　経営の「見える化」の展開・運用

6-5 組織の上から下へタテ展開して戦術マップやスコアカードを作成

可視化経営のしくみを組織内で深掘りしていく

　右ページのように、法人営業本部に営業第1部、営業第2部、営業第3部があり、それぞれの部門の配下にA,B,Cの3つの課があるとします。

　図中に「タテの展開」とあるのは、可視化経営のしくみを運用している組織のなかで組織階層を深掘りしていくことを意味します。営業第1部の場合は、営業第1部として戦術マップとスコアカードのゴール指標を作成しておき、これらを取り組むべき戦略の方針として配下の3つの課が、それぞれ戦術マップとスコアカードを作成するということです。

　逆に3つの課の戦術マップとスコアカードをつなぎ合わせたものが、営業第1部の戦術マップとスコアカードのゴール指標の合計にならなければ、戦略の取り組みにモレがあることになります。

　また、課として戦略目標を追加する必要があれば、この段階で上位の部門の戦術マップやスコアカードにどうかかわっているかを明らかにする必要があります。

　さらに課から現場担当者個々人にタテ展開を行う場合は、課で作成した戦術マップとスコアカードのどの部分を個人で受け持つのかを共有して本人と合意（いわゆる握手、握った状態）していなければなりません。

社員がビジョンや戦略を語れる会社に

　こうしたタテの展開によって、可視化経営のしくみを下部組織まで広げる目的は、マネジャーや現場担当者にも将来ビジョンや戦略を深く意識させて、日々の取り組み（日課指標）が業績に結びつき、ひいては将来ビジョンにつながっていることに対して敏感になってほしいからです。

　社員がビジョンや戦略を語れる会社は強いものです。可視化経営をタテに展開することで、上司と部下が共通の視点、共通の思考手順、共通のITシステムで、共通の将来ビジョンをめざすビジネスパートナーとしてコミュニケーションを図ることが可能となるのです。

　可視化経営とは、そういう組織風土や企業文化をつくりだすための取り組みなのです。

可視化経営は、組織間の握りシステム

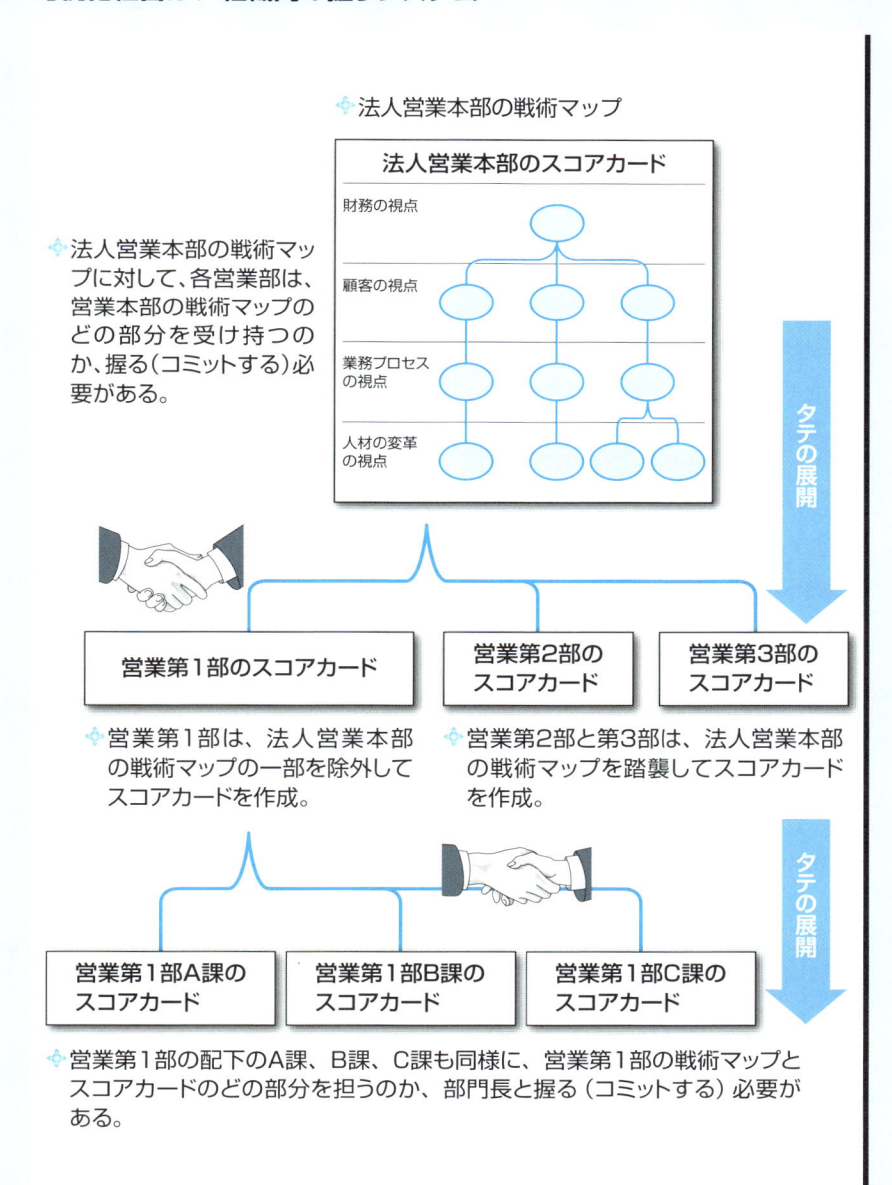

❖ 法人営業本部の戦術マップ

法人営業本部のスコアカード
- 財務の視点
- 顧客の視点
- 業務プロセスの視点
- 人材の変革の視点

❖ 法人営業本部の戦術マップに対して、各営業部は、営業本部の戦術マップのどの部分を受け持つのか、握る(コミットする)必要がある。

タテの展開

- 営業第1部のスコアカード
- 営業第2部のスコアカード
- 営業第3部のスコアカード

❖ 営業第1部は、法人営業本部の戦術マップの一部を除外してスコアカードを作成。

❖ 営業第2部と第3部は、法人営業本部の戦術マップを踏襲してスコアカードを作成。

- 営業第1部A課のスコアカード
- 営業第1部B課のスコアカード
- 営業第1部C課のスコアカード

タテの展開

❖ 営業第1部の配下のA課、B課、C課も同様に、営業第1部の戦術マップとスコアカードのどの部分を担うのか、部門長と握る(コミットする)必要がある。

PART 6 経営の「見える化」の展開・運用

6-6 パイロット部門で定着したら、可視化経営のしくみをヨコ展開

「ヨコ展開」の4つのパターン

PART4-4で説明したとおり、中堅企業以上で可視化経営を全社で一気に取り組むケースはまれで、まずパイロット部門で展開し、運用が定着したら、順次「ヨコ展開」をしていきます。ヨコ展開は、大きく分けると次の4つのパターンがあります。

①**関東営業部から関西営業部のように同様な部門へのヨコ展開**

関東営業部のスコアカードのゴール指標や日課指標、アクションプランがそのまま関西営業部で参考となります。

②**関東営業部から本社間接部門のようなスタッフ部門へのヨコ展開**

財務の視点でコストダウンを図りながら、顧客の視点で関東営業所と同様の本来の戦略（社外顧客）と社内の他部門（社内顧客）の両方を考慮する必要があるため、検討に予想外の時間がかかる可能性があります。

③**持ち株会社による事業子会社への適応**

担当する事業の成長に邁進することを要求される事業子会社は、自立性、主体性を高めるため、企業グループの経営の求心力は低下する傾向があります。そのため、持ち株会社としては、事業子会社を可視化経営という共通のしくみを用いてモニタリングすることが可能となります。

④**Ｍ＆Ａによる全社展開への適応**

これまで生い立ちや企業風土の異なる会社が、可視化経営の実践を通じて一つの将来ビジョンに向けて取り組むことで経営改革の促進と組織風土の変革が期待できます。

可視化経営のしくみをヨコ展開するときのポイント

各パターン共通のポイントは、組織風土や組織間の関係を理解したうえで、経営改革に情熱を燃やす経営トップの強いリーダーシップと可視化推進チームの存在が必須となる点です。

ヨコ展開もパイロット部門への導入時と同様に、可視化推進チームの支援や教育研修が引き続き必要となります。パイロット部門の展開・運用だけ注目して、ヨコ展開が中だるみしないように、社内報や社員向けのホームページなどで可視化経営の啓蒙活動を継続する必要があります。

可視化経営のヨコ展開で企業風土変革を実現する

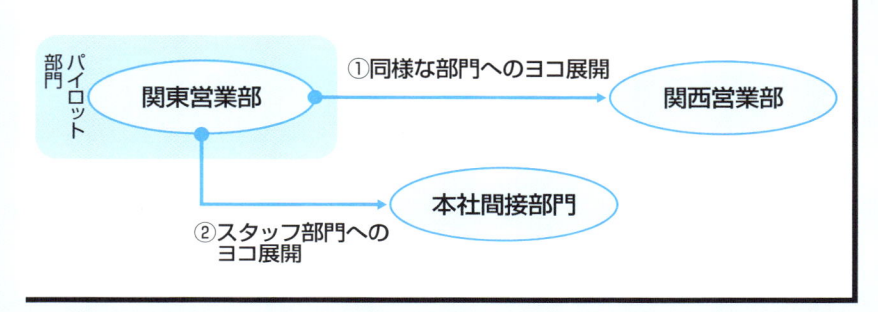

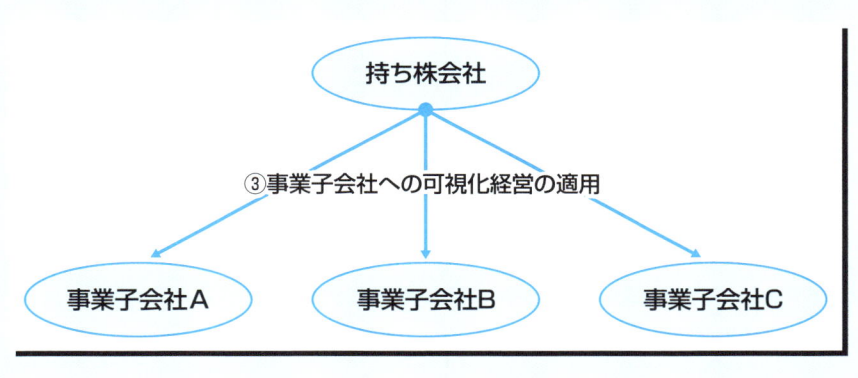

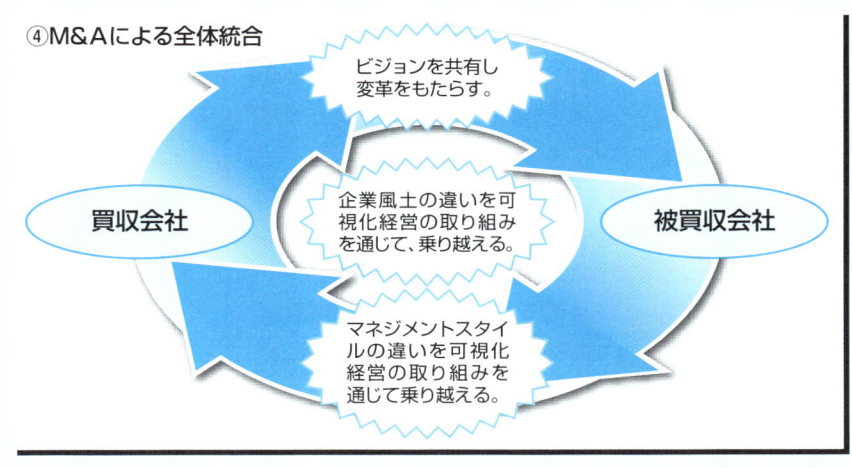

パイロット部門
関東営業部
①同様な部門へのヨコ展開 → 関西営業部
②スタッフ部門へのヨコ展開 → 本社間接部門

持ち株会社
③事業子会社への可視化経営の適用
事業子会社A／事業子会社B／事業子会社C

④M&Aによる全体統合

買収会社 ⇄ 被買収会社

ビジョンを共有し変革をもたらす。

企業風土の違いを可視化経営の取り組みを通じて、乗り越える。

マネジメントスタイルの違いを可視化経営の取り組みを通じて乗り越える。

6-7 可視化経営の評価制度と従来の目標管理制度との調整

可視化経営の貢献度と報酬制度とを連携させる目的

可視化経営のタテの展開やヨコの展開が進み、全社での可視化経営が回りはじめたら、可視化経営の貢献度と評価制度について再度検討します（「再度」といったのは、企画フェーズで、現行の諸制度を洗い出し、可視化経営との整合を検討しているため）。

可視化経営の貢献度と評価制度とを結びつける目的は、以下の4つです。
① **個人の活動が、最終的にはビジョンにつながっていることを理解する。**
② **個人の目標が、戦略に直結していることを理解し、習慣化する。**
③ **戦略目標の達成のためのプロセス評価の公正さを追求する。**
④ **組織的なコミュニケーションを醸成し、人材育成を促進する。**

従来の目標管理制度と連携させるポイント

すでに自社内に目標管理制度がある場合は、可視化経営の評価制度を重複して実施することのないよう調整が必要です。目標管理制度を実施している会社では、右ページのように2つの調整方法が考えられます。
① **目標管理制度との緩やかな連携。**
② **目標管理制度からスコアカードによる部門業績と個人業績への完全移行。**

また、目標管理制度を実施していない会社では、評価制度を見直すチャンスととらえて、人事部門と打ち合わせを行い、スコアカードによる部門業績や個人業績を評価制度に取り込むことを検討してみましょう。

目標管理制度との連携タイミングは、全社的に可視化経営の運用がしっかり回り出してから始めることです。各指標を測定するしくみが未熟な段階で報酬制度を連携すると、報酬のための実績値収集となり、可視化経営の本来の目的である将来ビジョンに向けた戦略的な取り組みを阻害することになりかねません。

また、戦術マップの4つの視点の評価ウェイトを部署によってどう定義するのか、スコアカードの日課指標とゴール指標の評価ウェイトをどう定義するのかなど、ルールを明確にして納得感の高い評価制度を策定しないと、単に指標を達成することが目標となり、達成しやすい日課指標、評価しやすいゴール指標の設定という、本末転倒な結果を招くことになるので注意が必要です。

スコアカードによる評価制度は慎重に

```
目標管理制度         目標管理制度
  実施中              未実施
```

①連携

現状の目標管理制度のなかで、可視化経営のゴール指標や日課指標の達成度合いを加味する。

たとえば、グループ目標の部分をスコアカードのゴール指標と日課指標の達成度とする。個人の目標管理部分は、従来どおりとする。

②移行

目標管理制度を廃止して、スコアカードのゴール指標と日課指標の達成度合いで評価する。

グループ目標は、①と同じ。個人目標管理もスコアカードを利用するため、個人ごとのスコアカードが必要となる。

現行の人事制度（年功序列制度）の見直しを行うことにより、可視化経営の貢献度と評価制度とを結びつける目的を実現させる。

役職別のゴール指標と日課指標の評価配分（例）

役職	ゴール指標	日課指標
部長	80%	20%
マネジャー	70%	30%
担当	60%	40%

▶部や課単位でスコアカードを用いて評価する場合は、役職によってゴール指標と日課指標の評価配分を考慮する。

役職別の戦術マップの4つの視点の重み付け（例）

	部 長	マネジャー	担 当
財務の視点	70%	60%	40%
顧客の視点	20%	10%	10%
業務プロセスの視点	5%	20%	20%
人材と変革の視点	5%	10%	30%
合計	100%	100%	100%

✧個人単位のスコアカードを用いて評価する場合は、役職によって4つの視点の重み付けを考慮する。

PART 6　経営の「見える化」の展開・運用

6-8 問題を構造化して解決していく論理的な思考が求められる

目標があるから問題意識が芽生える

　可視化経営の基本は、全社員が問題意識を持つということです。問題意識とは、トラブルが発生した、事故が起きた、不良品が出たといったことが起こる前に、問題が生じる可能性を感じ取る力です。

　目に見えない問題は、その所在に気づきにくく、見落としたり、見過ごしたりする場合が多いものです。ガン細胞のように、気づいたときには手遅れということも少なくありません。

　問題意識を持つこととは、明確な目標を持って現状とのギャップを認識することでもあります。逆にいえば、目標を設定するから問題意識が芽生えるのです。目標のない取り組みからは、問題意識は生まれてきませんし、現状に満足している人からは、問題意識が生まれてきません。

　可視化経営では、目に見えない問題、見えにくい問題に日課指標やゴール指標という目標値を設定して、日々状況を捕捉しながら対処していこうとします。

可視化経営の運用に欠かせない論理的思考

　右ページのように、一般的に問題は「目標－現在」で表わすことができます。可視化経営でいうところの「(日課指標やゴール指標の目標値) － (日課指標やゴール指標の実績値)」です。目標値と実績値の差を出すのですから、それぞれの単位は揃えておく必要があります。

　目標値と現在の差である問題が認識できたら、次はその問題を引き起こしている原因を究明します。

　原因と思われるものをいくつか洗い出し、その原因を「なぜ？」のくり返しで深掘りしていきます**(右ページの①、PART5-9参照)**。そして、真の原因(真因)が特定できれば、課題が見えてくるはずです。課題が見えてくれば、「どのようにして？」とくり返しながら、また「それだけでOKか？」と自問自答しながら、その課題に対する改善策をひねり出します**(右ページの②、PART5-9参照)**。

　このように、問題を構造化して課題解決していく思考が可視化経営には必要であり、この流れを理解して可視化経営を運用していくことが成功の秘訣となります。

論理的な思考で問題を解決していく

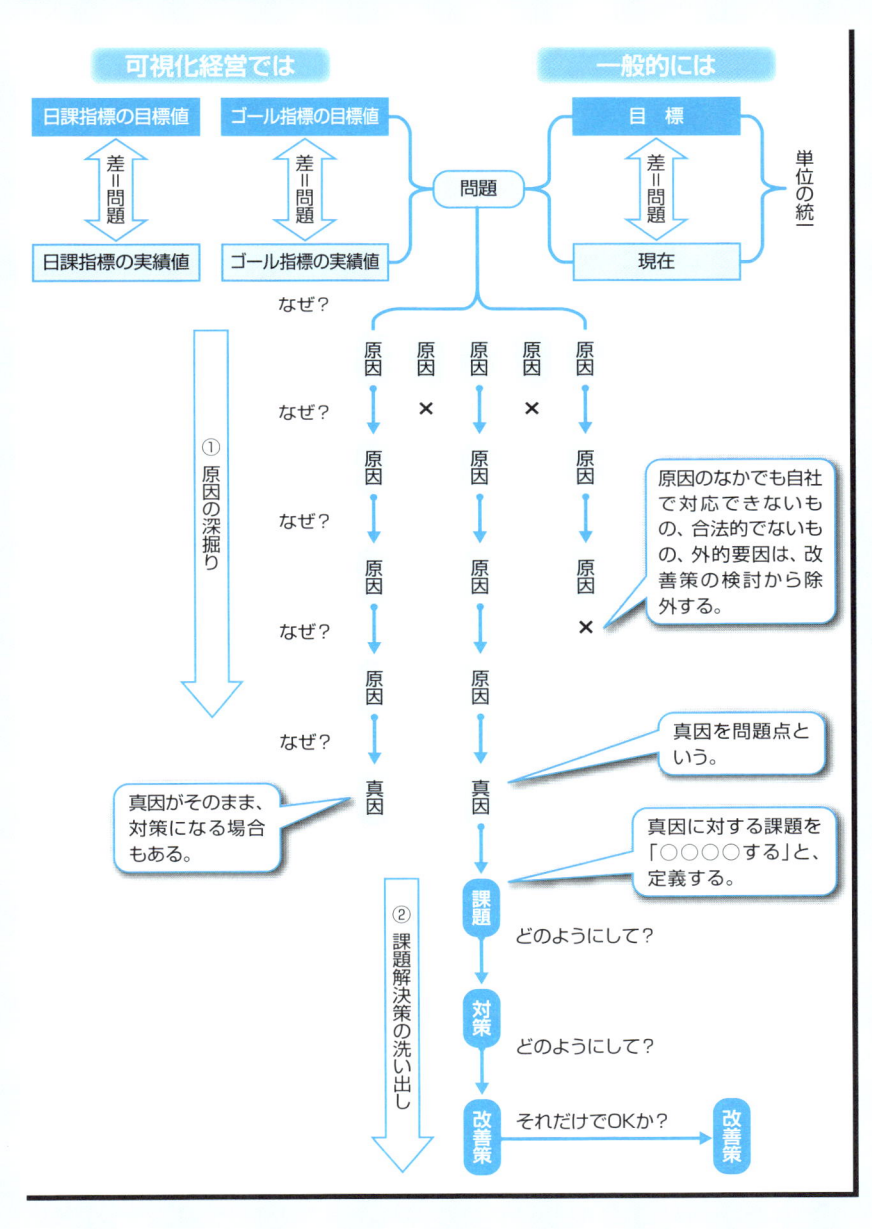

可視化経営では

- 日課指標の目標値 ⇕ 差＝問題 ⇕ 日課指標の実績値
- ゴール指標の目標値 ⇕ 差＝問題 ⇕ ゴール指標の実績値

一般的には

- 目標 ⇕ 差＝問題 ⇕ 現在
- 単位の統一

問題 → なぜ？

原因 / 原因 / 原因 / 原因 / 原因

なぜ？　→　× 　×

原因 ↓ 原因 ↓ 原因

なぜ？

原因 ↓ 原因 ↓ 原因 ×

原因のなかでも自社で対応できないもの、合法的でないもの、外的要因は、改善策の検討から除外する。

なぜ？

原因 ↓ 原因

なぜ？

真因 / 真因

真因を問題点という。

真因がそのまま、対策になる場合もある。

真因に対する課題を「○○○○する」と、定義する。

① 原因の深掘り

課題

どのようにして？

対策

どのようにして？

改善策 　それだけでOKか？ → 改善策

② 課題解決策の洗い出し

PART 6　経営の「見える化」の展開・運用

6-9 既成概念の枠を取り払い、ゼロベース思考で取り組む

成功体験がゼロベース思考を阻む

　市場環境の変化により過去の成功体験が通用しなくなっていること、そして過去の取り組みの延長線上では、売上の維持や拡大が見込めないことが可視化経営に取り組まざるを得ない背景です。まったく新たな挑戦ですから、ゼロベース思考で取り組んでいく必要があります。

　ゼロベース思考とは、既成概念の枠を取り払い、文字どおりゼロの状態から考えるということです。しかし、そう簡単なことではありません。誰もが成功の余韻に浸りたいのです。どうしても、これまで成功した経験がゼロベース思考のじゃまをします。

　ゼロベースで考えるためのヒントは、**①目的（Purpose）の確認**、**②立場（Place）変換**、**③期限（Period）の設定**の3つのPで考えてみることです。以下、その3つのPについて説明します。

3つのPの観点でゼロベース思考を実現する

　①の目的の確認とは、より高次元な目的に立ち帰ることです。

　可視化経営の構築フェーズの7つステップが、「Step1　経営理念・使命を再確認する」や「Step2　20年後の将来ビジョンを描く」から始まるのは、そのためです。経営理念やビジョンを理解しておかなければ、最終目的や目標に立ち帰れなくなります。手段が目的化しないためにも、「そもそも、何のために？」と、常日ごろから自問自答するようにしなければなりません。

　②の立場変換とは、立ち位置を変え、自分や自社を客観視することです。たとえば、顧客、仕入先、地域住民など、自分以外の相手の立場で考えてみることです。可視化マップの顧客の視点は、顧客ニーズを洗い出すために、顧客になりきってニーズを検討します。これが、まさしく立場変換です。

　③の期限の設定とは、いまなのか、少し先なのか、ずっと先なのか、時間的制約やタイミングという思考の前提要件を柔軟に変えてみることです。いまはできなくても、ちょっと先ならできることもたくさんあるはずです。たとえば、20年後の将来ビジョンを描くことも、20年あるのですから、可能性は無限です。

　このように、可視化経営を運用するには、自分の狭い枠の中で否定に走らない新たな発想やアイデアで、戦略を組み立てていくことが重要になります。

3つの視点で既成概念の枠を取り払う

① 目的（Purpose）の確認
より高次元な目的に立ち帰る。
そもそも、何のために？

② 立場（Place）の変換
立ち位置を変え、自分を客観視する。
そのために、自分以外の立場で考える。
たとえば、顧客、仕入先、地域住民など。

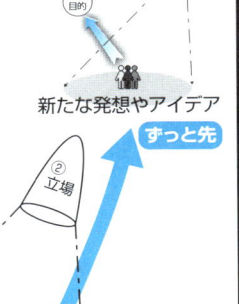

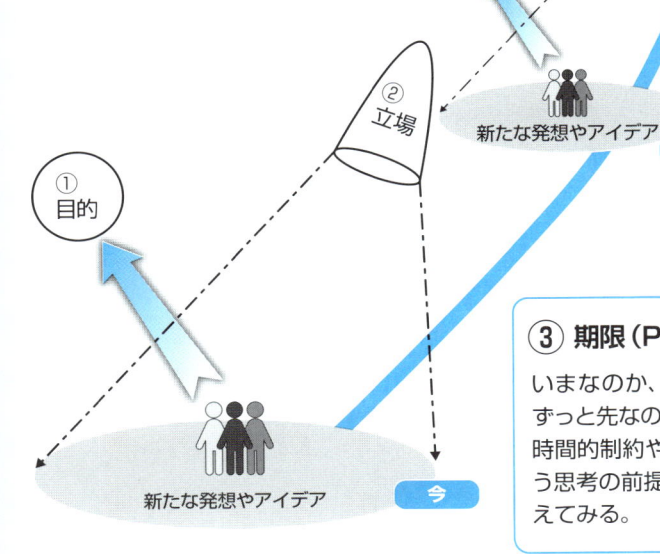

③ 期限（Period）の設定
いまなのか、少し先なのか、ずっと先なのか？
時間的制約やタイミングという思考の前提条件を柔軟に変えてみる。

6-10 可視化経営の構築、展開・運用フェーズを成功に導くための10カ条

「調味料の、さ・し・す・せ・そ」とは、料理の味付けの基本となる砂糖、塩、酢、醤油、味噌の5つの調味料を使うときの順序を覚えるための語呂合わせです。

可視化経営の構築フェーズ、展開・運用フェーズにも、「さ・し・す・せ・そ」という成功のためのキーワードの語呂合わせがあるのでご紹介します。

構築フェーズの「さ・し・す・せ・そ」

1. 「さ」…経営トップから社員まで、経営への**参画意識（さ）**を持つべし。
2. 「し」…可視化経営の7つのステップという**しくみ（し）**で先行き不透明な時代を切り開く経営の「見える化」を実行すべし。
3. 「す」…可視化マップ、スコアカードの作成や可視化経営の導入の気運を盛り上げる火付け役として**推進（す）チーム**を任命すべし。
4. 「せ」…結果管理から**先考管理（せ）**にシフトすべし。
5. 「そ」…スコアカードの日課指標やゴール指標が、客観的に**測定可能（そ）**であるべし。

展開・運用フェーズの「さ・し・す・せ・そ」

6. 「さ」…PSDS**サイクル（さ）**、すなわち戦略の仮説－実施－検証サイクルを回すべし。
7. 「し」…パッと一目で見てわかる可視化経営**システム（し）**の活用でコクピット経営を実現すべし。
8. 「す」…可視化経営のしくみとシステムの活用で、仮説－実施－検証を高速回転し意思決定の**スピードアップ（す）**を図るべし。
9. 「せ」…**ゼロベース思考（せ）**で、閉塞感のある市場環境を打ち破るべし。
10. 「そ」… 戦略を取り組み、その取り組みが違っていたら、すばやく修正し、突き進む**創発的戦略（そ）**を実行すべし。

※「創発的戦略」とは、あらかじめ、必ずこうすればこうなると見えているわけでなく、時間の経過とともに出現する戦略。あるいは、当初実行に移したときから大きく変容した戦略のこと。

可視化経営は、「さ・し・す・せ・そ」で取り組む

可視化経営の構築フェーズ

- さ：参画意識
- し：しくみ（可視化経営7ステップ）
- す：推進チーム
- せ：先考管理
- そ：測定可能

Step 1	経営理念・使命を再確認する
Step 2	20年後の将来ビジョンを描く
Step 3	ビジョン、戦略、戦術をマップ化する
Step 4	スコアカードを作成する
Step 5	アクションプランを作成する
Step 6	モニタリングシステムをつくる
Step 7	経営のコクピットを完成させる

◇ 可視化経営のしくみを活用すれば、腹に落ちたビジョンや戦略の具体策ができ上がる。

可視化経営の展開・運用フェーズ

- さ：PSDSサイクルを回す
- し：可視化経営システム
- す：スピードアップ
- せ：ゼロベース思考
- そ：創発的戦略

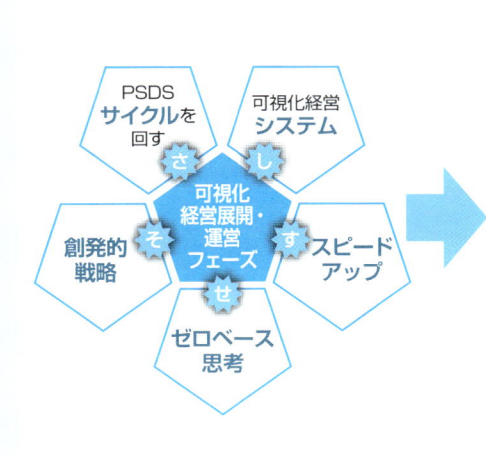

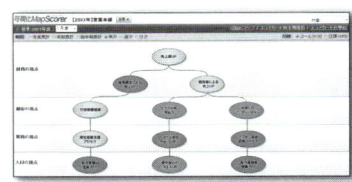

◇ 可視化経営のシステムを活用すれば、経営の成果が期待できる。

● 可視化経営のしくみである7つのステップと可視化経営システムは、車の両輪のようにバランスよく回転することが重要である。

PART 6　経営の「見える化」の展開・運用

PART 7

経営の「見える化」の作業にトライしよう

7-1 自分の会社の年度方針を「見える化」してみよう

戦術のマップ化とスコアカードの作成

　本章では、PART4-4で説明した課題Ⅲの年度方針策定の「Step3　戦術をマップ化する」と「Step4　スコアカードを作成する」を、事例をもとに解説します。

　PART3-10で戦術マップの概要について説明しましたが、本章では戦術マップの作成手順を中心に解説します。

　また、PART3-11でスコアカードの概要について説明しましたが、本章ではスコアカードのゴール指標と目標指標を洗い出す手順を中心に解説します。

　PART7-2〜13で解説する作業の概要は、右ページのとおりです。

　解説で取り上げた会社は、1978年に資本金5000万円で設立したある地方都市でホームセンターや大手量販店を中心に日用雑貨を卸している、従業員60人の会社です。経営理念は、「私たちは、新しいライフスタイルを提案し、人々の生活環境の向上に貢献します。」というものです（PART3-1の右ページの経営理念・サブステートメント展開シート参照）。

　年商は5年前の30億円をピークに、現在は25億円と減少傾向にあります。顧客ニーズの変化による業態化の加速、大手メーカーの取引先選別、大手小売店のPB商品化、メーカーの直取引（卸の中抜き）など、取り巻く環境はますます厳しくなっています。このような状況において、来年度方針を以下のように決め、経営改革に乗り出しました。

① **従来型の御用聞き営業スタイルから脱却し、業務効率を向上させる。**
② **リテールサポート力の充実により、顧客からの信頼を勝ち得る。**
③ **組織的に顧客価値創造型の提案営業が行える企業に変革する。**

可視化経営へ取り組むレッスンを

　さあ、レシピを眺めているだけでは、料理は上達しません。レッスン書を読んで理論武装ばかりしてもゴルフは上達しません。ぶっつけ本番でフルコース料理をつくるわけにも、いきなりゴルフコースへ出るわけにもいきません。可視化経営も同様です。

　まずは本書を読みながら、自社の年度方針を戦略マップとスコアカードに展開してみましょう。可視化経営での成功のイメージもわいてくるはずです。

年度方針をスコアカードに具体化する手順

本章の項目	解説する作業の概要
2	検討する戦略の前提条件決め
3	財務視点の戦略目標とゴール指標設定
4	顧客の視点の戦略目標の洗い出し
5	顧客の視点の戦略目標の優先順位づけ
6	業務プロセスの視点の戦略目標の設定
7	人材と変革の視点の戦略目標の設定
8	業務プロセスの視点のゴール指標の設定
9	業務プロセスの視点の日課指標の設定
10	人材と変革の視点のゴール指標の設定
11	人材と変革の視点の日課指標の設定
12	顧客の視点のゴール指標の設定
13	顧客の視点の日課指標の設定

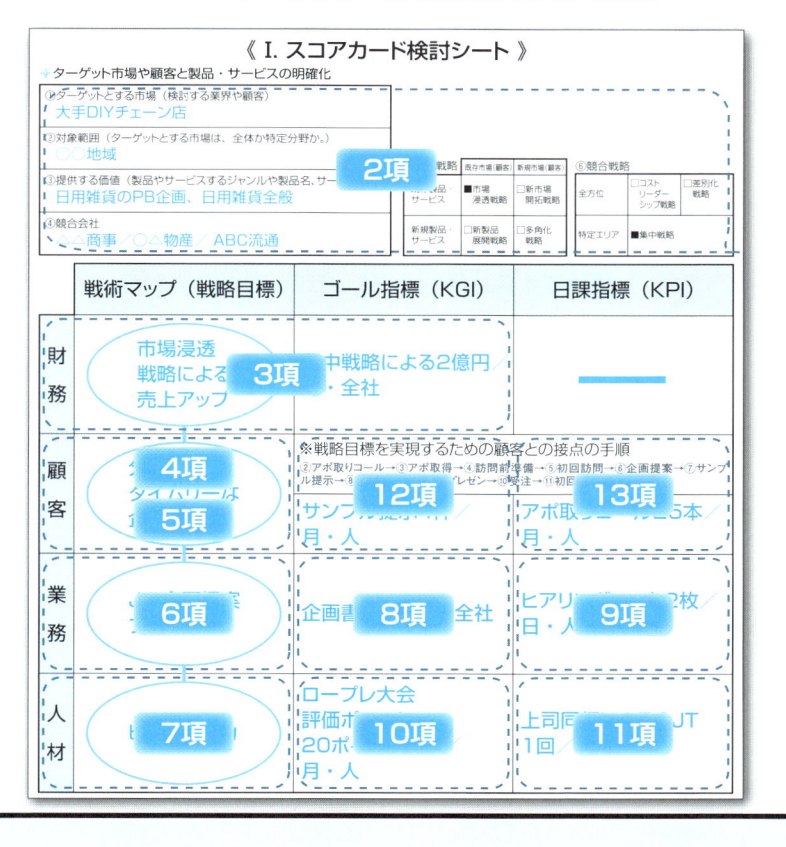

《 I. スコアカード検討シート 》

✦ ターゲット市場や顧客と製品・サービスの明確化

①ターゲットとする市場（検討する業界や顧客）
大手DIYチェーン店

②対象範囲（ターゲットとする市場は、全体か特定分野か。）
○○地域

③提供する価値（製品やサービスするジャンルや製品名、サー
日用雑貨のPB企画、日用雑貨全般

④競合会社
○○商事／○○物産／ABC流通

2項

⑤戦略：既存市場／顧客、新規市場／顧客
- 既存製品・サービス：市場浸透戦略／新市場開拓戦略
- 新規製品・サービス：新製品展開戦略／多角化戦略

⑥競合戦略
- 全方位：コストリーダーシップ戦略／差別化戦略
- 特定エリア：集中戦略

	戦術マップ（戦略目標）	ゴール指標（KGI）	日課指標（KPI）
財務	市場浸透戦略による売上アップ **3項**	中戦略による2億円・全社	─
顧客	**4項** **5項**	※戦略目標を実現するための顧客との接点の手順 ②アポ取りコール→③アポ取得→④訪問前準備→⑤初回訪問→⑥企画提案→⑦サンプル提示→ **12項**	**13項** アポ取り〜 25本／月・人
業務	**6項**	企画書 **8項** 全社	ヒアリ〜 2枚／日・人 **9項**
人材	**7項**	ロープレ大会 評価ポ **10項** 20ポ 月・人	上司同〜 OJT 1回 **11項**

PART 7 経営の「見える化」の作業にトライしよう

7-2 戦略を検討する前に前提条件を決めておく

市場や製品・サービス、競合を明確にする

　年度方針を戦術マップとして「見える化」します。そのために、まず取り組む年度方針について、以下の6項目の内容を明確にしておきましょう。

① **ターゲットとする市場**：検討する業界や顧客を定義します。
② **対象範囲**：ターゲットとする市場の範囲は、全体か特定分野か。特定分野の場合は、対象エリアはどこか。
③ **提供する価値**：製品やサービスのジャンルや製品名やサービスの内容を宣言します。
④ **競合他社**：①～③の前提で、競合となる会社名を3社程度記入します。

成長戦略と競争戦略を考える

⑤ **成長戦略**：これから自社が、どのような市場に対してどのような製品やサービスを提供して成長していくのか、市場浸透戦略、新市場開拓戦略、新製品開発戦略、多角化戦略の4パターンのうちで該当する戦略を決定します。
　この成長戦略が複数ある場合には、これから検討する戦術マップの内容が違う可能性があるため、≪Ⅰ.スコアカード検討シート≫を成長戦略のパターンの枚数だけ作成することになります。
⑥ **競争戦略**：他社との競争優位性をどういう点で打ち出すのか、競合他社よりもコスト面で優位に立つコストリーダーシップ戦略、いままでにない製品構成やサービスを付加することや製品やサービスの提供における何かを競合他社が行うのと比べてより良く行う差別化戦略、特定の顧客グループ、特定の製品の種類、特定の地域市場、特定の流通チャネルなどへ資源を限定し投下する集中戦略のいずれの戦略に取り組むのかを決定します。

　さあ、戦略マップ作成のための事前準備が完了しました。事例を参考にしながら、自社の年度方針の戦術マップ作成に取り組んでみましょう。

スコアカード検討シートでの戦略の定義

ターゲット市場や顧客と製品・サービスの明確化

①ターゲットとする市場
大手DIYチェーン店

②対象範囲
○○地域

③提供する価値
日用雑貨のPB企画、日用雑貨全般

④競合会社
△△商事／○△物産／ABC流通

⑤成長戦略	既存市場（顧客）	新規市場（顧客）
既存製品・サービス	■市場浸透戦略	□新市場開拓戦略
新規製品・サービス	□新製品展開戦略	□多角化戦略

⑥競合戦略		
全方位	□コストリーダーシップ戦略	□差別化戦略
特定エリア	■集中戦略	

ある日用雑貨卸の年度方針を定義する

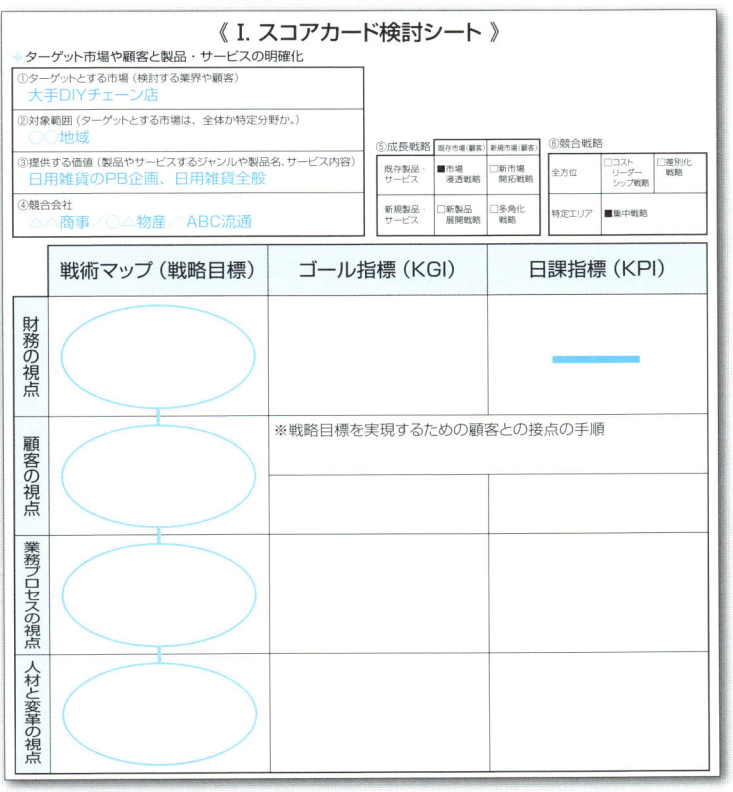

《 I. スコアカード検討シート 》

❖ ターゲット市場や顧客と製品・サービスの明確化

①ターゲットとする市場（検討する業界や顧客）
　大手DIYチェーン店

②対象範囲（ターゲットとする市場は、全体か特定分野か。）
　○○地域

③提供する価値（製品やサービスするジャンルや製品名、サービス内容）
　日用雑貨のPB企画、日用雑貨全般

④競合会社
　△△商事／○△物産／ABC流通

⑤成長戦略	既存市場（顧客）	新規市場（顧客）
既存製品・サービス	■市場浸透戦略	□新市場開拓戦略
新規製品・サービス	□新製品展開戦略	□多角化戦略

⑥競合戦略		
全方位	□コストリーダーシップ戦略	□差別化戦略
特定エリア	■集中戦略	

	戦術マップ（戦略目標）	ゴール指標（KGI）	日課指標（KPI）
財務の視点			
顧客の視点		※戦略目標を実現するための顧客との接点の手順	
業務プロセスの視点			
人材と変革の視点			

❖ 成長戦略（市場と製品・サービス）と競争戦略（他社との差別化ポイント）を前提条件として定義してから戦略の具体化を進める。

PART 7　経営の「見える化」の作業にトライしよう

7-3 財務の視点の戦略目標とゴール指標である目標値を設定

それぞれの部門の年度方針によって異なる財務の視点の戦略目標

　前項では、どこの、誰に、何を、どんなこだわりを持って製品やサービスを提供するのかという年度方針を明らかにしました。次に、年度方針を具体的にどのようにして実施するのかについて戦術マップを作成しながら検討していきます。

　まず、戦術マップの4つの視点である財務の視点、顧客の視点、業務プロセスの視点、人材と変革の視点のなかで、財務の視点として何を目標とするのか（各視点で目標としてめざす項目を「**戦略目標**」といいます）を決定します。

　財務の視点の戦略目標は、対象とする組織によって異なります。営業部門は売上アップと販管費の削減（コストダウン）、スタッフ部門は販管費の削減（コストダウン）や固定資産の活用による生産性アップ、製造現場は製造原価の削減（コストダウン）、商品管理部門は在庫水準の低減（流動資産の活用）などが財務の視点の戦略目標になるのが一般的です。

　ここでは、前提条件で決めた成長戦略を実行することによる売上アップを財務の視点の戦略目標とします。右ページの≪Ⅰ.スコアカード検討シート≫のように、日用雑貨卸のこの会社の場合は、前項の⑤成長戦略で定義した「市場浸透戦略による売上アップ」が財務の視点の戦略目標になります。

どの会社でも行っている財務の視点のゴール指標設定

　財務の視点の戦略目標が決まったら、次に財務の視点の戦略目標のゴール指標（KGI：Key Goal Indicator）を設定しましょう。財務の視点のゴール指標は、前項の⑥競争戦略で定義した切り口で、どれだけの財務的な数値目標をめざすのかを宣言します。この会社の場合は、財務の視点のゴール指標を「集中戦略による毎月2億円の売上アップ」ということにします。

　ちなみに、財務の視点の戦略目標で粗利や営業利益などの利益アップを設定した場合には、利益＝売上－コスト（売上原価や販管費）ですから、≪Ⅰ.スコアカード検討シート≫を売上アップ用の戦術マップとコストダウン用の戦術マップの2枚作成することになります。

　この財務の視点のゴール指標の設定は、通常どの会社でも行っていることです。何も戦術マップ独自のものではありませんので、違和感はないと思います。

財務の視点のゴール指標である目標値を宣言

────── 財務の視点の戦略目標 ──────

```
              収益力
            ／      ＼
      収益アップ    生産性アップ
       ／    ＼         ｜
  売上アップ  コストダウン  資産活用
```

❖ 財務の視点の戦略目標は、それぞれの部門の年度方針によって変わる。

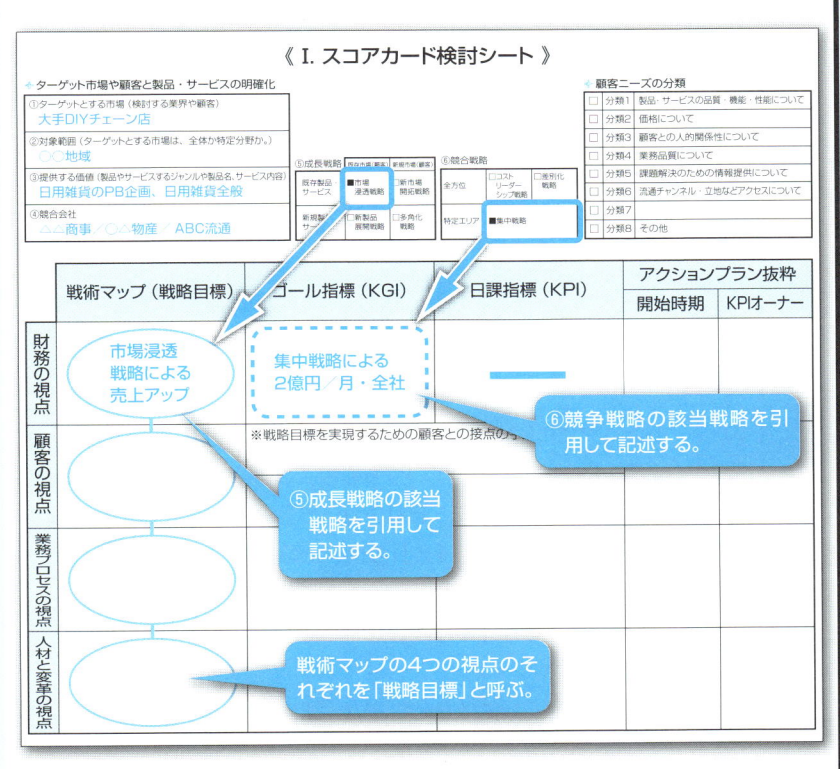

《 I. スコアカード検討シート 》

◆ ターゲット市場や顧客と製品・サービスの明確化

①ターゲットとする市場（検討する業界や顧客）
大手DIYチェーン店

②対象範囲（ターゲットとする市場は、全体か特定分野か。）
○○地域

③提供する価値（製品やサービスするジャンルや製品名、サービス内容）
日用雑貨のPB企画、日用雑貨全般

④競合会社
△△商事／○×物産／ABC流通

⑤成長戦略

	既存市場・顧客	新規市場・顧客
既存製品・サービス	**市場浸透戦略**	新市場開拓戦略
新規製品・サービス	新製品展開戦略	多角化戦略

⑥競合戦略

	コストリーダーシップ戦略	差別化戦略
全方位		
特定エリア		**集中戦略**

顧客ニーズの分類

□	分類1	製品・サービスの品質・機能・性能について
□	分類2	価格について
□	分類3	顧客との人的関係性について
□	分類4	製品品質について
□	分類5	課題解決のための情報提供について
□	分類6	流通チャネル・立地などアクセスについて
□	分類7	
□	分類8	その他

	戦術マップ（戦略目標）	ゴール指標（KGI）	日課指標（KPI）	アクションプラン抜粋 開始時期	KPIオーナー
財務の視点	市場浸透戦略による売上アップ	集中戦略による2億円／月・全社			
顧客の視点					
業務プロセスの視点					
人材と変革の視点					

※戦略目標を実現するための顧客との接点の…

⑤成長戦略の該当戦略を引用して記述する。

⑥競争戦略の該当戦略を引用して記述する。

戦術マップの4つの視点のそれぞれを「戦略目標」と呼ぶ。

❖ 戦略の具体化が、スコアカード検討シート。戦略目標が2つ以上の場合には、このスコアカード検討シートをその分岐の枚数だけ作成する。

PART 7　経営の「見える化」の作業にトライしよう

7-4 顧客の視点の戦略目標である ニーズを洗い出し、背景を考える

「ひとりカードBS法」で、顧客ニーズを洗い出す

PART5-5でグループによるカードBS法をご紹介しましたが、戦略の前提条件で定義した顧客のニーズを「ひとりカードBS法」で洗い出してみましょう。コツは会社の立場を捨て、立場変換することです。しばし自らが顧客になりきって顧客ニーズを洗い出してみましょう。

「ひとりカードBS法」は、ポストイット1枚につき顧客ニーズ1個を≪Ⅱ.顧客ニーズ洗い出しシート≫の「START」マークから順に「○○○してほしい」で終わる顧客主語で洗い出すだけです。日ごろ顧客から、「こうしてくれ、ああしてくれ!」といわれている要望や、よく発生するクレームを裏返して書き出せばよいのです。

制限時間は10分。もしくは、制限時間内に「GOAL」マークまで20個の顧客ニーズを洗い出せれば終了です。もし、顧客ニーズの洗い出しの数が10個以下だったら、いかにこれまで顧客ニーズを把握せずに戦略を立てていたか――猛省してください。

さあ、20個の顧客ニーズ洗い出しに向けてスタートです。

本当に自社で対応できないニーズかどうかを検討

どうですか? 制限時間内に20個の顧客ニーズが洗い出せたでしょうか?

ここで顧客への立場変換を終了します。いつものあなたに戻って、洗い出した顧客ニーズを眺めてみましょう。そのなかに、自社で対応できないものがあれば、そのポストイットの右上に「×」を付けます。「×」の付いた顧客ニーズが、どうしても自社で対応できないか、いま一度その顧客ニーズにある背景を考えてみましょう。

それには、PART5-9で説明した「なぜ?」や「どのようにして?」、「それだけでOKか?」のくり返しが有効です。

たとえば、「もっと価格を安くしてほしい」という顧客ニーズに対して、その背景を深掘りするのです。「本当に製品の価値が提案できているのか」、「イニシャルコストだけでなくランニングコストを含めたコストメリットの訴求ができているのか」、「余計な機能やオプションが取り外せないのか」など考えていくと、「×」を付けた顧客ニーズのうち半分くらいは、自社で対応できる可能性が見えてくるはずです。

顧客になりきって行う「ひとりカードBS法」

《 Ⅱ. 顧客ニーズ洗い出しシート 》

1 START してほしい。	2 してほしい。	3 してほしい。	4 してほしい。
5 してほしい。	6 してほしい。	7 してほしい。	8 してほしい。
9 してほしい。	10 してほしい。	11 してほしい。	12 してほしい。
13 してほしい。	14 してほしい。	15 してほしい。	16 してほしい。
17 してほしい。	18 してほしい。	19 してほしい。	20 GOAL してほしい。
21 してほしい。	22 してほしい。	23 してほしい。	24 してほしい。
25 してほしい。	25 してほしい。	27 してほしい。	28 してほしい。

STARTマーク / **GOALマーク**

❖ ①で定義したターゲット顧客になりきって、ポストイット（タテ2.5cm×ヨコ7.5cm）に1枚1個の顧客ニーズを書き出し、《Ⅱ.顧客ニーズ洗い出しシート》に並べる。制限時間10分で顧客ニーズ最低20個の洗い出しに挑戦。

《 Ⅱ. 顧客ニーズ洗い出しシート 》

1 してほしい。	2 してほしい。	3 してほしい。	4 してほしい。
5 してほしい。	6 してほしい。	7 × してほしい。	8 してほしい。
9 してほしい。	10 × してほしい。	11 してほしい。	12 × してほしい。
13 してほしい。	14 してほしい。	15 してほしい。	16 × してほしい。
17 してほしい。	18 してほしい。	19 × してほしい。	20 してほしい。
21 してほしい。	22 してほしい。	23 してほしい。	24 してほしい。
25 してほしい。	25 してほしい。	27 してほしい。	28 してほしい。

自社で対応できそうにないと判断した顧客ニーズのポストイットの右上に「×」を付ける。

PART 7　経営の「見える化」の作業にトライしよう

7-5 顧客の視点の戦略目標に優先順位をつける

洗い出した顧客ニーズを重要度と緊急度の視点で分類

　洗い出した顧客ニーズすべてに対応することはむずかしいので、顧客ニーズに自社として取り組むべき優先順位を付けます。≪Ⅱ.顧客ニーズ洗い出しシート≫で洗い出した顧客ニーズを、≪Ⅲ.顧客ニーズ分類シート≫の分類1から分類6の内容に従って分類します。

　分類1：製品・サービスの品質・機能・性能について/分類2：価格に関することについて/分類3：顧客への対応力について/分類4：業務品質について/分類5：課題解決のための情報提供について/分類6：流通チャネル・立地などのアクセスについて

　分類1から分類6のいずれにも属さないポストイットは、分類7として新たに分類名をつけます。単独カードは、分類8「その他」としておきましょう。

　分類1から分類8の番号が書かれたポストイットを用意して、≪Ⅳ.顧客ニーズ優先順位づけシート≫の中央（重要度と緊急度の線が交差するところ）に分類1と書かれたポストイットを貼ります。次に、分類2は、中央に貼った分類1と比較して、自社としての重要度と緊急度という観点から、大きいのか小さいのか相対的に判断します。これを、分類8まで行い、顧客ニーズの自社としての相対的な優先順位を「見える化」します。

どの顧客ニーズを選択して取り組むかを決める

　分類1から分類8のピンクのポストイットが、第1エリア（重要度・大、緊急度・大）から第4エリア（重要度・小、緊急度・小）のどれかに偏るようであれば、各ポストイットの位置関係をそのままにして全体的に引き延ばしてください。

　顧客の視点の戦略目標は、重要度も緊急度も大の第1エリアの分類（事例では分類5や分類3）を選択するのが一般的です。しかし第1エリアの分類が、すでに戦略的な取り組みを進めているのであれば、第2エリア（重要度・大、緊急度・小）の、後回しになりがちな分類の優先順位を上げる（事例では、分類4や分類6）ことも検討してください。どの顧客ニーズを選択し集中して取り組むか、各社の方向性が決まる瞬間です。

　この会社は、第1エリアにある分類5に分類されたポストイットの中から「タイムリーな企画提案」を顧客の視点の戦略目標として設定しました。

重要度×緊急度マトリックスで顧客ニーズの優先順位づけ

《 Ⅲ. 顧客ニーズ分類シート 》

分類1 製品・サービスの品質・機能・性能について				×	4	5
分類2 価格に関することについて			×	3	4	5
分類3 顧客への対応力について			×		4	5
分類4 業務品質について		×				5
分類5 課題解決のための情報提供について						
分類6 流通チャネル・立地などアクセスについて		×	2	3	4	5
分類7			2	3	4	5
分類8 その他	1		2	3	4	5

《 Ⅳ. 顧客ニーズ優先順位づけシート 》

自社としての重要度（大）

- 第2エリア：分類6、分類4
- 第1エリア：分類5、分類3
- 第3エリア：分類2
- 第4エリア：分類7
- 中央：分類1

自社としての緊急度（小）← → 自社としての緊急度（大）

自社としての重要度（小）

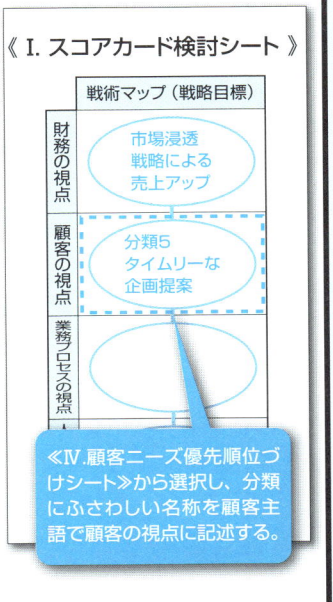

❖ 顧客ニーズの対応の優先順位を自社としての重要度と緊急度で決定する。

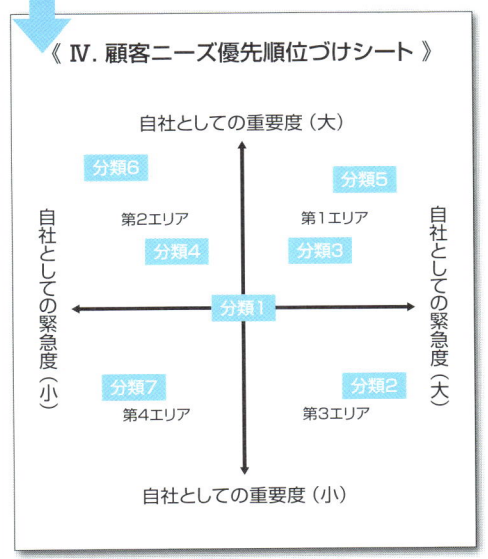

《 Ⅰ. スコアカード検討シート 》

戦術マップ（戦略目標）

- 財務の視点：市場浸透戦略による売上アップ
- 顧客の視点：分類5 タイムリーな企画提案
- 業務プロセスの視点：

≪Ⅳ.顧客ニーズ優先順位づけシート≫から選択し、分類にふさわしい名称を顧客主語で顧客の視点に記述する。

PART 7　経営の「見える化」の作業にトライしよう

7-6 業務プロセスの視点の戦略目標 ＝理想的な業務フローを設定する

行動を「主行動」と「補助行動」に分けて整理

　顧客の視点で選択した戦略目標を実現するための「理想的な業務フロー」が、業務プロセスの視点の戦略目標となります。そもそも業務プロセスとは、業務の過程、経過、工程、手順、何度もくり返す仕事の理想的な流れのことです。

　≪Ⅴ.業務プロセスの視点の戦略目標設定シート≫を使って以下の手順で「理想的な業務フロー」を描いてみましょう。

① **顧客の視点の戦略目標を実現するための必要な行動を、前述の「ひとりカードBS法」で洗い出します。**
② **洗い出した行動を時系列に並べてみます。その際、行動の大きさによって「主行動」と「補助行動」に分けて並べると整理しやすくなります。**
③ **業務開始から業務終了までの理想的な業務フローを矢線で結びながら作成します。この段階で、足りない行動があれば、ポストイットで補いますが、無理してすべてのポストイットを使う必要はありません。**

業務フローの内容がイメージできるネーミング

④ **この業務フローのなかで発生する議事録、レビュー記録、実施報告書、企画書、提案書などの成果物を洗い出し、補助行動の右隣の「OUTPUT」の欄に貼りつけます。**
⑤ **この業務フローのなかで必要な業界情報、マーケット情報、顧客からのヒアリング情報、クレーム情報、競合情報などの入手情報を洗い出し、「主行動」の左隣の「INPUT」の欄に貼りつけます。**
⑥ **この業務フローに、ふさわしい名前をつけます。たとえば、「JIT（ジャストインタイム）企画提案プロセス」のように、業務フローの内容がイメージできるように名前をつけておくとよいでしょう。**
⑦ **≪Ⅰ.スコアカード検討シート≫の業務プロセスの視点の戦略目標に、⑥で決定した名前を記入します。**

　これで、戦術マップの業務プロセスの視点の戦略目標が完成しました。

顧客ニーズに合致した理想の業務フォローを「見える化」する

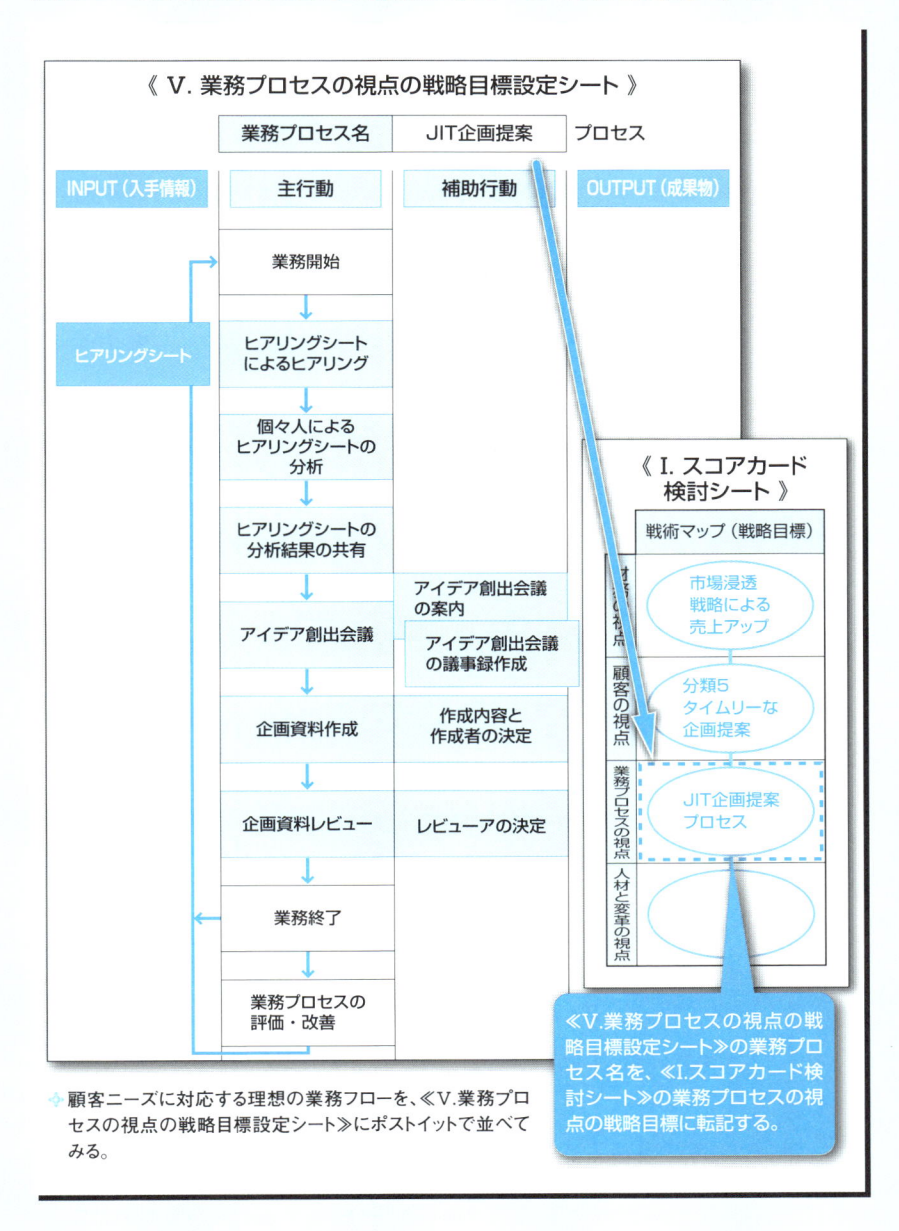

《 V. 業務プロセスの視点の戦略目標設定シート 》

| 業務プロセス名 | JIT企画提案 | プロセス |

INPUT（入手情報）	主行動	補助行動	OUTPUT（成果物）
	業務開始		
ヒアリングシート	ヒアリングシートによるヒアリング		
	個々人によるヒアリングシートの分析		
	ヒアリングシートの分析結果の共有		
	アイデア創出会議	アイデア創出会議の案内	
		アイデア創出会議の議事録作成	
	企画資料作成	作成内容と作成者の決定	
	企画資料レビュー	レビューアの決定	
	業務終了		
	業務プロセスの評価・改善		

《 I. スコアカード検討シート 》

戦術マップ（戦略目標）

- 財務の視点：市場浸透戦略による売上アップ
- 顧客の視点：分類5 タイムリーな企画提案
- 業務プロセスの視点：JIT企画提案プロセス
- 人材と変革の視点：

≪V.業務プロセスの視点の戦略目標設定シート≫の業務プロセス名を、≪I.スコアカード検討シート≫の業務プロセスの視点の戦略目標に転記する。

◇ 顧客ニーズに対応する理想の業務フローを、≪V.業務プロセスの視点の戦略目標設定シート≫にポストイットで並べてみる。

7-7 業務フローのボトルネックが、人材と変革の視点の戦略目標になる

ネック工程の6つの原因

業務プロセスの視点で検討した理想的な業務フローに対して、現在ネックとなっている工程を洗い出します。これまで実施したことのない業務フローの場合には、ネックになる可能性のある工程を想定してみましょう。ネック工程では、以下の6パターンのいずれか、あるいはいくつかのパターンが複合して不具合を起こしています（詳しくは、PART5-8を参照してください）。

① ヌケ：業務フローのいずれかの工程が抜け落ちている。
② モレ：どこかの部署で、業務フローの全部または一部が実行されない。
③ ダブリ：いくつかの業務フォローで、工程の重複が発生し非効率を起こしている。
④ 徹底度の低下：業務フローの実施が、定常的にくり返されず一過的である。
⑤ 達成度の低下：業務フローの各工程の目標値に対する達成度が低い。
⑥ スピードの低下：業務フローの所要時間が、目標値を下回る。

人材と変革の視点の戦略目標を設定する手順

① **業務フローでネックとなる（だろう）工程のポストイットの右上に「×」を付けます。**
② **「×」を付けた工程のなかで一番ネックとなる工程をボトルネックとします。**
③ **そのボトルネック解消策を以下の視点で検討します。**
   - ボトルネックを解消するために、どんなスキルやノウハウがあれば対処できるか？
   - ボトルネックを解消するために、どんな設備やITシステムがあれば対処できるか？
   - ボトルネックを解消するために、どんな環境があれば対応できるか？
   - ボトルネックを解消するために、その他にどんな条件が不足しているか？
④ **≪Ⅴ．業務プロセスの視点の戦略目標設定シート≫のボトルネック工程に、右ページのような吹き出しをつけて対処すべき要件を列挙します。**
⑤ **対処すべき要件の中で重要かつ緊急のものを選択し、「○」を付けます。**
⑥ **「○」を付けた要件が≪Ⅰ．スコアカード検討シート≫の人材と変革の視点の戦略目標となります。**

業務プロセスのネックとなる工程を深掘りする

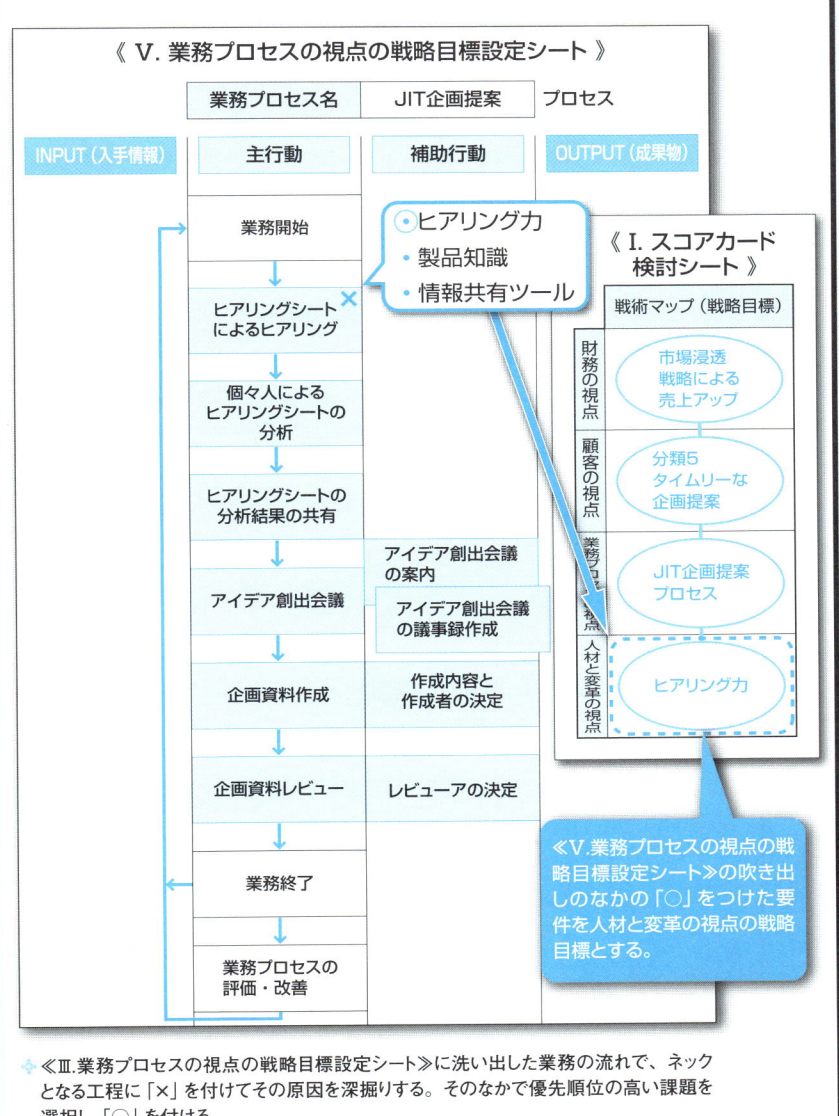

《 V. 業務プロセスの視点の戦略目標設定シート 》

	業務プロセス名	JIT企画提案	プロセス
INPUT（入手情報）	主行動	補助行動	OUTPUT（成果物）

主行動フロー：
- 業務開始
- ヒアリングシートによるヒアリング ×
- 個々人によるヒアリングシートの分析
- ヒアリングシートの分析結果の共有
- アイデア創出会議
- 企画資料作成
- 企画資料レビュー
- 業務終了
- 業務プロセスの評価・改善

補助行動：
- アイデア創出会議の案内
- アイデア創出会議の議事録作成
- 作成内容と作成者の決定
- レビューアの決定

吹き出し：
- ◎ヒアリング力
- ・製品知識
- ・情報共有ツール

《 I. スコアカード検討シート 》

戦術マップ（戦略目標）

視点	戦略目標
財務の視点	市場浸透戦略による売上アップ
顧客の視点	分類5 タイムリーな企画提案
業務プロセスの視点	JIT企画提案プロセス
人材と変革の視点	ヒアリング力

≪V.業務プロセスの視点の戦略目標設定シート≫の吹き出しのなかの「○」をつけた要件を人材と変革の視点の戦略目標とする。

❖ ≪Ⅲ.業務プロセスの視点の戦略目標設定シート≫に洗い出した業務の流れで、ネックとなる工程に「×」を付けてその原因を深掘りする。そのなかで優先順位の高い課題を選択し、「○」を付ける。

PART 7 経営の「見える化」の作業にトライしよう

7-8 業務プロセスの視点のゴール指標を設定する

ゴール目標は成果物の出来高で表わす

　業務プロセスの視点のゴール指標を検討します。業務プロセスの視点の戦略目標、すなわち≪Ⅴ．業務プロセスの視点の戦略目標設定シート≫で作成した業務フローがしっかり回っているかどうかを判断するためにゴール指標という目標値を設けてチェックします。

　業務プロセスの視点のゴール指標は、≪Ⅴ．業務プロセスの視点の戦略目標設定シート≫の「OUTPUT」の欄の成果物の出来高を設定します。これは、≪Ⅴ．業務プロセスの視点の戦略目標設定シート≫で作成した業務フローが業務開始から業務終了までしっかり回っていれば、「OUTPUT」の欄の成果物もできているはずだと考えるからです。

　だから、業務プロセスの戦略目標の達成度合いをゴール指標の成果物の出来高でチェックするのです。

　いくつも成果物がある場合は、その業務フローの最終成果物の出来高をゴール指標とします。

評価のサイクルをできるだけ短くする

　右のページの≪Ⅴ．業務プロセスの視点の戦略目標設定シート≫で作成した「JIT提案プロセス」では、「OUTPUT」の欄の最終成果物である企画書をゴール指標とすればよいのです。たとえば、「企画書6件／月・全社」というような形になります。

　この場合に、ゴール指標の日、週、月、四半期、半期という評価サイクルにも注意が必要です。ゴール指標の実績値が目標値に達しないようであれば、何らかの手を打つ必要があるので、ゴール指標を評価するサイクルをできるだけ短くして、仮説ー実施ー検証を高速回転させることです。最低でも月次ベースでゴール指標の実績値を収集するようにしてすばやい意思決定ができる環境をつくっておきましょう。

成果物が決まれば、業務プロセスの視点ゴール指標は見えてくる

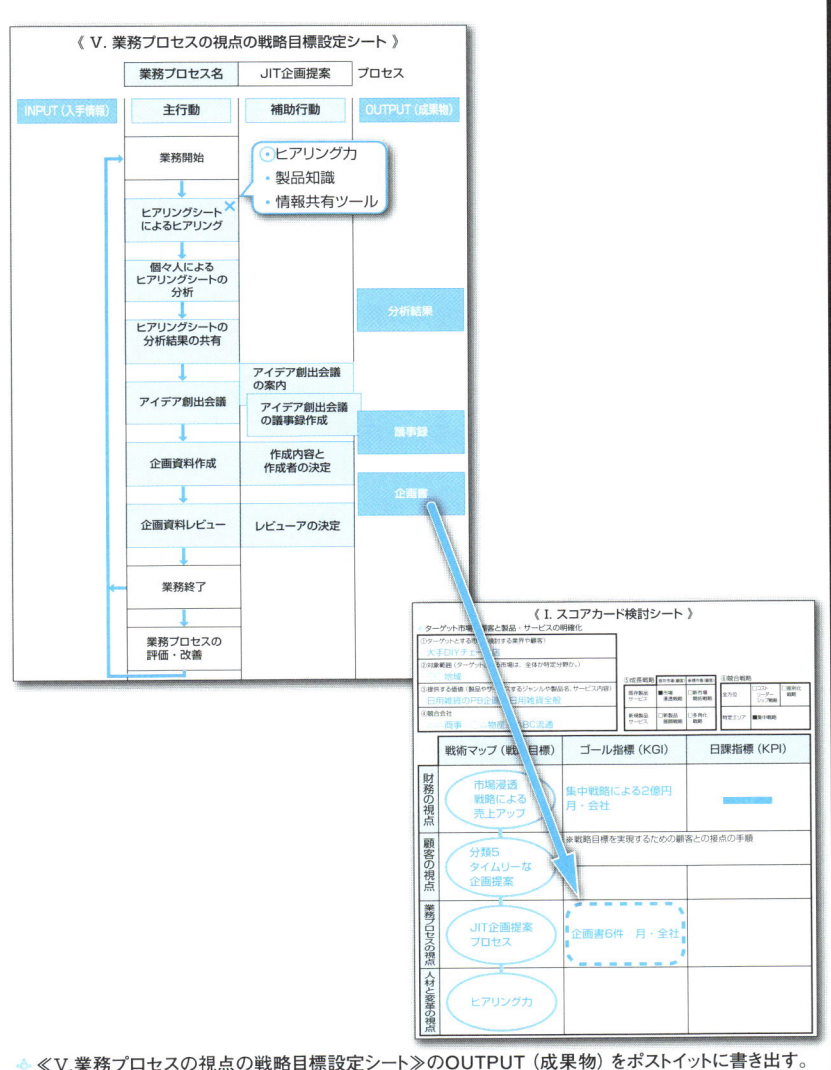

《 V. 業務プロセスの視点の戦略目標設定シート 》

| 業務プロセス名 | JIT企画提案 | プロセス |

| INPUT（入手情報） | 主行動 | 補助行動 | OUTPUT（成果物） |

主行動フロー：
- 業務開始
- ヒアリングシートによるヒアリング
- 個々人によるヒアリングシートの分析
- ヒアリングシートの分析結果の共有
- アイデア創出会議
- 企画資料作成
- 企画資料レビュー
- 業務終了
- 業務プロセスの評価・改善

補助行動：
- ヒアリング力
  - 製品知識
  - 情報共有ツール
- アイデア創出会議の案内
- アイデア創出会議の議事録作成
- 作成内容と作成者の決定
- レビュアーの決定

OUTPUT（成果物）：
- 分析結果
- 議事録
- 企画書

《 I. スコアカード検討シート 》

ターゲット市場・顧客と製品・サービスの明確化

	戦術マップ（戦略目標）	ゴール指標（KGI）	日課指標（KPI）
財務の視点	市場浸透戦略による売上アップ	集中戦略による2億円 月・会社	
顧客の視点	分類5 タイムリーな企画提案		
業務プロセスの視点	JIT企画提案プロセス	企画書6件 月・全社	
人材と変革の視点	ヒアリング力		

◆ ≪V.業務プロセスの視点の戦略目標設定シート≫のOUTPUT（成果物）をポストイットに書き出す。そのなかで最終成果物としてふさわしいものを選択して、その作成頻度やスピードなどを日課目標として数値化してゴール指標とする。

PART 7　経営の「見える化」の作業にトライしよう

7-9 業務プロセスの視点のゴール指標を達成するために日課指標を設定する

日課指標に日々取り組めばゴール指標が達成できるという仮説

　設定した業務プロセスの視点のゴール指標を達成するために、日々取り組むべき行動の目標値を数値化して日課指標（KPI：Key Performance Indicator）とします。逆に、この設定した日課指標に日々取り組むことで、ゴール指標が達成するはずだという因果関係の強い日課指標を検討するのです。

　業務プロセスの視点の日課指標は、≪Ⅴ.業務プロセスの視点の戦略目標設定シート≫のINPUTの欄の入手情報の出来高を設定します。いくつもINPUTがある場合は、その業務フローのなかで質・量ともに重要な入手情報の出来高を数値化して日課指標とします。

　基本的に業務プロセスを構成している業務フローは、INPUT⇒処理（主行動＋補助行動）⇒OUTPUTのくり返しです。ですから、この業務フローをうまく回すためには、まずINPUTとなる行動をしっかり準備することです。INPUT（入手情報）の出来高を日課指標の目標値として設定します。そして、この業務フローがしっかり回ったかどうかは、OUTPUT（成果物）の欄の出来高であるゴール指標で確認することになります（PART7-8参照）。

日次ベースで取り組める指標を工夫してつくる

　この会社では、企画書を毎月6件作成することが業務プロセスの視点でのゴール指標です。優れた企画書を組織的に作成するには、現場担当者が顧客から収集したニーズや要望事項が欠かせないというのが、JIT提案プロセスです。たとえば、「顧客ニーズや要望を記入したヒアリングシートを現場担当者が毎日2件入手する」というように設定します**（右ページの青点線内）**。

　日課指標という仮説が、ゴール指標という結果に結びつくかどうかを検証するのですから、日課指標は、文字どおり日次ベースで取り組めるような指標を検討する必要があります。

INPUT ⇒ 処理（主行動＋補助行動）⇒ OUTPUTの源流を押える

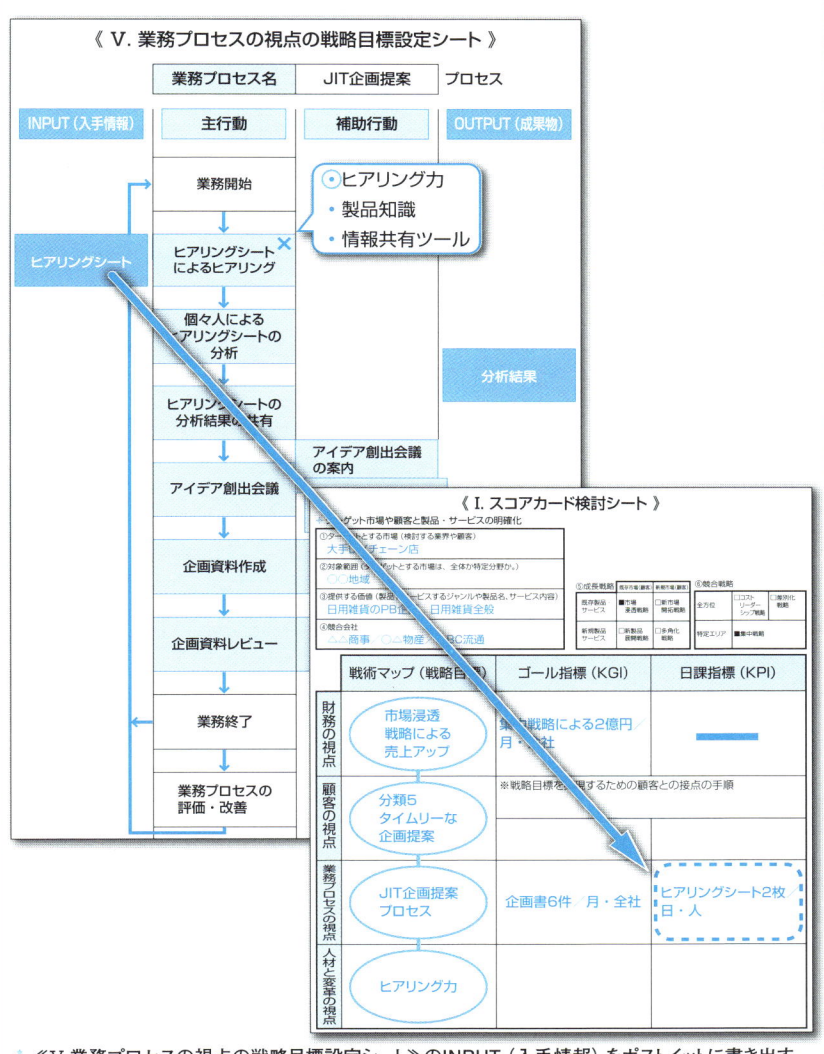

《 V. 業務プロセスの視点の戦略目標設定シート 》

| 業務プロセス名 | JIT企画提案 | プロセス |

INPUT（入手情報）	主行動	補助行動	OUTPUT（成果物）
	業務開始	⦿ヒアリング力 ・製品知識 ・情報共有ツール	
ヒアリングシート	ヒアリングシートによるヒアリング		
	個々人によるヒアリングシートの分析		分析結果
	ヒアリングシートの分析結果の共有		
	アイデア創出会議の案内		
	アイデア創出会議		
	企画資料作成		
	企画資料レビュー		
	業務終了		
	業務プロセスの評価・改善		

《 I. スコアカード検討シート 》

①ターゲット市場や顧客と製品・サービスの明確化
　①ターゲットとする市場（検討する業界や顧客）
　　大手小売チェーン店
　②対象範囲（ターゲットとする市場は、全体か特定分野か）
　　○○地域
　③提供する価値（製品・サービスするジャンルや製品名、サービス内容）
　　日用雑貨のPB企画／日用雑貨全般
　④競合会社
　　○○商事　○○物産　○○流通

		④成長戦略		⑤競合戦略	
		既存商品 サービス	市場 浸透戦略	新市場 開拓戦略	□コスト リーダー シップ戦略	□差別化 戦略
		新商品 サービス	新商品 開発戦略	多角化 戦略	特定エリア	集中戦略

	戦術マップ（戦略目標）	ゴール指標（KGI）	日課指標（KPI）
財務の視点	市場浸透戦略による売上アップ	集中戦略による2億円／月・全社	
顧客の視点	分類5 タイムリーな企画提案	※戦略目標を実現するための顧客との接点の手順	
業務プロセスの視点	JIT企画提案プロセス	企画書6件／月・全社	ヒアリングシート2枚／日・人
人材と変革の視点	ヒアリング力		

❖ ≪V.業務プロセスの視点の戦略目標設定シート≫のINPUT（入手情報）をポストイットに書き出す。そのなかで日々の活動としてふさわしいものを選択して、その活動量や入手情報の頻度を目標値として数値化して日課指標とする。

PART 7　経営の「見える化」の作業にトライしよう

169

7-10 人材と変革の視点のゴール指標を設定する

社員のスキル、ITインフラ、組織風土改革の戦略目標

　人材と変革の視点のゴール指標を検討します。現在、マネジャーは部下のスキルがアップしたかどうかをどうやって確かめているでしょうか。「以前と比べて大分良くなった」とか、最近のいくつかの成功例を取り上げて「スキルがついてきた」とか、どうも感覚的な評価が多いようです。

　このように、上司の主観的な評価になりがちな人材と変革の視点の戦略目標も、他の視点のゴール指標と同様に、あらかじめ数値化した目標値を設定し、客観的に評価できるようにしておきましょう。

　もともと人材と変革の視点の戦略目標は、業務プロセスの視点の理想的な業務フローをめざしたときにうまくいかない（であろう）工程のボトルネックを、「なぜ、なぜ、なぜ、なぜ、なぜ」とトヨタ流に原因究明したものです。

　原因を徹底的に突き詰めると、「うちの会社は（良い）ヒトがいないからな～」とか「（これを購入する）カネがないからな～」とか、「ヒト、モノ、カネ、時間、情報、企業文化」などの経営資源の不足や不備に行き着いてしまいます。しかし、「経営資源がないからダメだ」といってしまっては身も蓋もありません。

　人材と変革の視点のゴール指標を設定する前に、業務プロセスのボトルネックとなっている工程の原因究明を、「なぜ」のくり返しでいま一度行ってみましょう。そして、経営資源に行き着く一歩手前の原因が人材と変革の視点の戦略目標となります。

人材と変革の視点のゴール指標の設定例

　人材と変革の視点のゴール指標の一例を右ページに示しますので検討のヒントにしてください。

　人材と変革の視点の取り組みは、取り組めばすぐに効果が現れるものではないため、どうしても後回しになりがちです。また、主観的な評価になりやすいため、あらかじめゴール指標を数値化して客観的に評価する、このようなしくみが必要になります。

スキル、ITシステム、組織風土にメスを入れるゴール設定

人材と変革の視点の取り組み

	①社員のスキル	②ITシステム	③組織風土
戦略目標	基本スキルアップ / 専門スキルアップ / ナレッジ蓄積・共有	ITインフラ整備 / 業務アプリケーション / ITリテラシー	方針合意 / モチベーション / 組織的学習 / 権限委譲
ゴール指標（例）	●チェックリストによる他者評価 ●穴埋めテスト ●社内外のテスト ●資格取得 ●通信教育やeラーニングの合格 ●レポート採点評価 ●事例発表会評価 ●ロープレ大会評価 など	●ITシステム稼働率 ●IT蓄積情報の活用率 ●エラー率 ●資料作成時間の低減率 ●システム入力率 ●研修終了会数 など	●従業員満足度調査の評価 ●コミュニケーション回数 ●定着率 ●欠勤率 ●生産性 ●社内改善の提案件数 ●特許件数 ●上司評価 ●研修時間 など

PART 7 経営の「見える化」の作業にトライしよう

7-11 人材と変革の視点のゴール指標を達成するために日課指標を設定する

人材と変革の視点の日課指標の設定例

　設定した人材と変革の視点のゴール指標を達成するために、日々取り組むべき行動の目標値を数値化して日課指標として設定します。この設定した日課指標に日々取り組むことで、ゴール指標が達成するはずという因果関係の強い日課指標を検討します。この点は、業務プロセスの視点の日課指標と同じ考え方です。

　右ページに人材と変革の視点の日課指標の一例を示しますので検討のヒントにしてください。

① 社員のスキルに関する日課指標は、研修やトレーニング、輪講などの定期的な実施、能力開発プログラムへの参加、専門書や業界紙の通読、ナレッジ共有、レポート作成など。

② ITシステムに関する日課指標は、ITシステムへの入力数、上司や同僚からのコメントやアドバイス数など。

③ 組織風土に関する日課指標は、サンクス・カード、社内イベント、上司と部下のコミュニケーション、部門間のコミュニケーションなど。

現場で戦略が実行されていく流れ

　人材と変革の視点の日課指標の取り組みでゴール指標が達成するというヨコの因果関係が成り立つようになれば、業務プロセスの視点の業務フロー上のボトルネックが解消します。そうすることで、さらに業務プロセスの視点の日課指標の取り組みでゴール指標が達成するというヨコの因果関係が成り立つようになります。これで、ようやく顧客の視点で選択した顧客のニーズを満たすための組織的な準備が整ったことになります。

　このように、現場での戦略の実行は、人材と変革の視点の日課指標⇒ゴール指標⇒業務プロセスの視点の日課指標⇒ゴール指標⇒顧客の視点の日課指標⇒ゴール指標というヨコの因果関係と、人材と変革の視点⇒業務プロセスの視点⇒顧客の視点⇒財務の視点という4つの視点のタテの因果関係を逆S字を書きながらスコアカードの下から上に進んでいくのです。

微差が大差を生む、日々の努力目標を決める

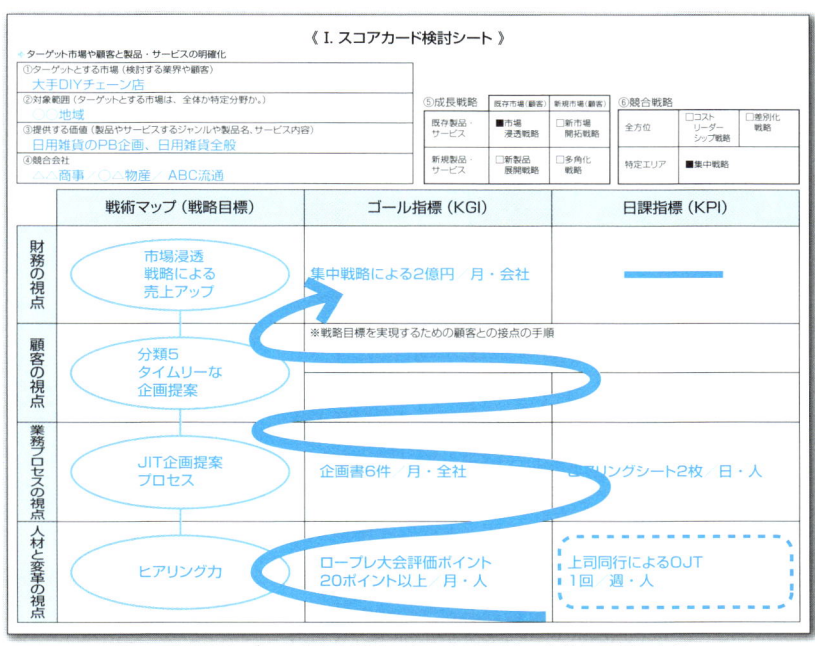

《 I. スコアカード検討シート 》

◆ ターゲット市場や顧客と製品・サービスの明確化
① ターゲットとする市場（検討する業界や顧客）
　大手DIYチェーン店
② 対象範囲（ターゲットとする市場は、全体か特定分野か。）
　地域
③ 提供する価値（製品やサービスするジャンルや製品名、サービス内容）
　日用雑貨のPB企画、日用雑貨全般
④ 競合会社
　○○商事、○○物産、ABC流通

⑤成長戦略

	既存市場（顧客）	新規市場（顧客）
既存製品・サービス	■市場浸透戦略	□新市場開拓戦略
新規製品・サービス	□新製品展開戦略	□多角化戦略

⑥競合戦略

全方位	□コストリーダーシップ戦略	□差別化戦略
特定エリア	■集中戦略	

	戦術マップ（戦略目標）	ゴール指標（KGI）	日課指標（KPI）
財務の視点	市場浸透戦略による売上アップ	集中戦略による2億円　月・会社	
顧客の視点	分類5 タイムリーな企画提案	※戦略目標を実現するための顧客との接点の手順	
業務プロセスの視点	JIT企画提案プロセス	企画書6件　月・全社	ヒアリングシート2枚　日・人
人材と変革の視点	ヒアリング力	ロープレ大会評価ポイント 20ポイント以上　月・人	上司同行によるOJT 1回　週・人

◆ スコアカードの日課指標とゴール指標と戦略目標の各項目は、密着な関係にある。

≪V.スコアカード検討シート≫の人材と変革の視点の日課指標の参考例。

①社員スキル	②ITシステム	③組織風土
資格取得数	日報登録率	学会や協会への参加
試験合格率	競合他社レポート作成	コミュニケーション回数
ロープレ実施率	成功事例作成	御礼状枚数
社員一人あたりの研修費用	失敗事例作成	課題図書の感想文提出率
年間研修時間	勉強会参加率	御礼メール導守率
平均欠勤率	通信教育受講率	日報コメント数
社員定着率	クレーム対応数	グリーンカードポイント数
従業員満足度	顧客の名前を覚える	イエローカード数
特許取得数	マニュアル追記件数	サンクスカード枚数
読書数	IT研修への参加回数	IT装備率

7-12 顧客の視点のゴール指標と日課指標を設定する

顧客の視点のゴール目標は商談プロセスの進展で見る

　顧客の視点の戦略目標（自社としての重要度と緊急度で優先順位づけした顧客ニーズ）が達成できたかどうかを評価するためのゴール指標を設定するには、顧客の視点の戦略目標に設定した自社の取り組みが満足いくものであったかどうかを、直接顧客に聞いて回るのがよいかもしれません。

　しかしこの方法は、膨大な手間がかかりますので頻繁にはできません。さらに、直接面談してはたして正直な顧客の評価が得られるかも疑問です。

　すべてのゴール指標や日課指標にいえることですが、可視化経営では、ゴール指標や日課指標の実績値の収集において、新たなITシステム投資や大きな労力がかかるのであれば、費用対効果を考えて、ゴール指標や日課指標自体の見直しを検討してください。

　その方法は、≪Ⅰ.スコアカード検討シート≫の顧客の視点の「※戦略を実現するための顧客との接点の手順」の欄に、顧客との商談プロセスを書き出してみます。

　事例の会社のタイムリーな企画提案についての商談プロセスは、右ページのように、①アポ取りコール⇒②アポ取得⇒③訪問前準備⇒④初回訪問⇒⑤企画提案⇒⑥サンプル提示⇒⑦見積提示⇒⑧役員プレゼン⇒⑨受注⇒⑩初回納品⇒⑪定期調査（満足度調査）のような流れになります。

　顧客の視点の顧客ニーズに対応できたかどうかを、わざわざ顧客調査しなくても、たとえば⑥サンプル提示（⑦見積提示、⑧役員プレゼンでもかまわない）まで商談プロセスが進展したということは、顧客ニーズに合致したタイムリーな企画提案ができたと判断してもよいのではないでしょうか。よってゴール指標は、商談プロセスの「⑥サンプル提示」としました。目標値を数値化する必要がありますので、たとえば、「サンプル提示4件/月・人」というようなゴール指標になります。

日課指標も商談プロセスから洗い出す

　そして、ゴール指標の目標値を達成するために日々取り組む日課指標は、ゴール指標で洗い出した商談プロセスの、たとえば「①アポ取りコール」となります。たとえば、「アポ取りコール25本/日・人」というような日課指標になります。

　もし、アポ取りコールが定常化してきたら、次の商談プロセスである「②アポ取得」を日課指標とします。日課指標は、文字どおりの日次ベースにこだわってください。

顧客の視点の数値指標は商談プロセス

❖ 日用雑貨卸のタイムリーな企画提案についての商談プロセス

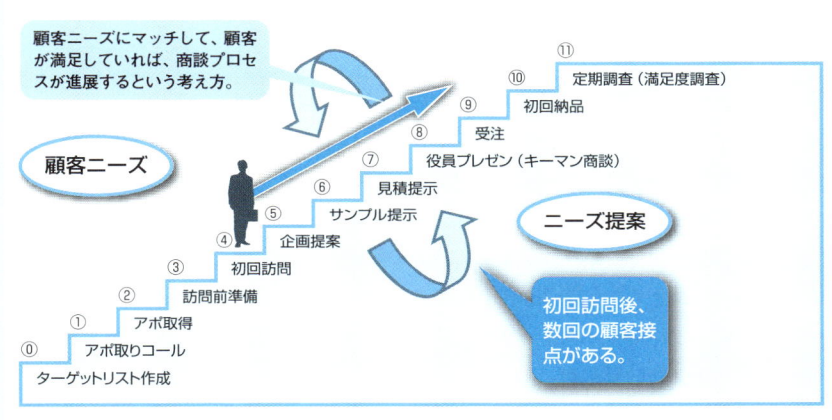

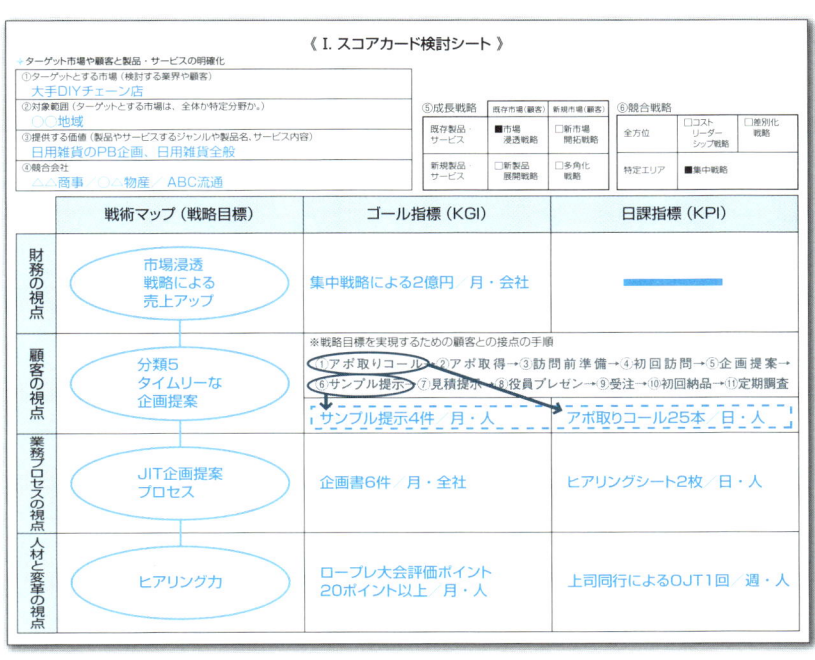

顧客ニーズにマッチして、顧客が満足していれば、商談プロセスが進展するという考え方。

顧客ニーズ → ニーズ提案

⑪ 定期調査（満足度調査）
⑩ 初回納品
⑨ 受注
⑧ 役員プレゼン（キーマン商談）
⑦ 見積提示
⑥ サンプル提示
⑤ 企画提案
④ 初回訪問
③ 訪問前準備
② アポ取得
① アポ取りコール
⓪ ターゲットリスト作成

初回訪問後、数回の顧客接点がある。

《 I. スコアカード検討シート 》

※ターゲット市場や顧客と製品・サービスの明確化
①ターゲットとする市場（検討する業界や顧客）
　大手DIYチェーン店
②対象範囲（ターゲットとする市場は、全体か特定分野か。）
　○○地域
③提供する価値（製品やサービスするジャンルや製品名、サービス内容）
　日用雑貨のPB企画、日用雑貨全般
④競合会社
　○○商事　○○物産　ABC流通

⑤成長戦略

	既存市場（顧客）	新規市場（顧客）
既存製品サービス	■市場浸透戦略	□新市場開拓戦略
新規製品サービス	□新製品展開戦略	□多角化戦略

⑥競合戦略

全方位	□コストリーダーシップ戦略	□差別化戦略
特定エリア		■集中戦略

	戦術マップ（戦略目標）	ゴール指標（KGI）	日課指標（KPI）
財務の視点	市場浸透戦略による売上アップ	集中戦略による2億円／月・会社	
顧客の視点	分類5 タイムリーな企画提案	サンプル提示4件／月・人	アポ取りコール25本／日・人
業務プロセスの視点	JIT企画提案プロセス	企画書6件／月・全社	ヒアリングシート2枚／日・人
人材と変革の視点	ヒアリング力	ロープレ大会評価ポイント20ポイント以上／月・人	上司同行によるOJT1回／週・人

※戦略目標を実現するための顧客との接点の手順
①アポ取りコール→②アポ取得→③訪問前準備→④初回訪問→⑤企画提案→
⑥サンプル提示→⑦見積提示→⑧役員プレゼン→⑨受注→⑩初回納品→⑪定期調査

PART 7　経営の「見える化」の作業にトライしよう

7-13 戦術マップとスコアカードで戦略の成功イメージを「見える化」する

戦術マップのタテの因果関係を検証する

　戦略を財務の視点、顧客の視点、業務プロセスの視点、人材と変革の視点というタテの因果関係の4つの視点で戦略の成功イメージを戦術マップにして「見える化」して、多くの会社が経営の成果を上げています。

　いま一度作成した自社の戦術マップを眺めてみましょう。財務の視点の戦略目標⇒顧客の視点の戦略目標⇒業務プロセスの視点の戦略目標⇒人材と変革の視点の戦略目標と、しっかりタテの因果関係ができていますか。

　⇒を「どのようにしたら?」と置き換えてみたらストーリーがつながりますか。つながりに違和感はないですか。

　また、人材と変革の視点の戦略目標⇒業務プロセスの視点の戦略目標⇒顧客の視点の戦略目標⇒財務の視点の戦略目標を下から上へ逆に並べて、⇒を「なぜならば…」と置き換えてみたらタテの因果関係がうまくつながったでしょうか。

スコアカードのヨコの因果関係を検証する

　戦術マップのタテの因果関係が腹に落ちたところで、スコアカードのヨコの因果関係の確認もしておきましょう。今度は、人材と変革の視点から順に、下から上に進んでいきます。人材と変革の視点の日課指標である、上司同行のOJTを週に1回行うことにより、ゴール指標である毎日実施されるロープレ大会の評価ポイント20ポイント以上をクリアしてヒアリング力が身につく。そうすると、業務プロセスの視点の日課指標である、1日2枚のヒアリングシートの内容も充実してくる。

　そのヒアリングシート(INPUT)をもとにして理想の業務フロー(JIT企画提案プロセス)を回して、OUTPUTとして毎月6件の企画書を作成することができる。

　この企画書の持参先として、顧客の視点の日課指標にあるように、アポ取りコールを毎日25本実施する。その結果、ゴール指標のサンプル提示が予定どおり毎月4件できる。その結果として、財務の視点のゴール指標である毎月2億円の売上アップが見込めるのです。

　どうですか。戦略の成功イメージが見えましたか。あとは、PART3-12の日課指標のアクションプラン検討シートを作成すれば、本年度の戦術マップとスコアカードの完成です。

マーケット縮小時の勝ち残りのために、戦略をロジカルに見える化する

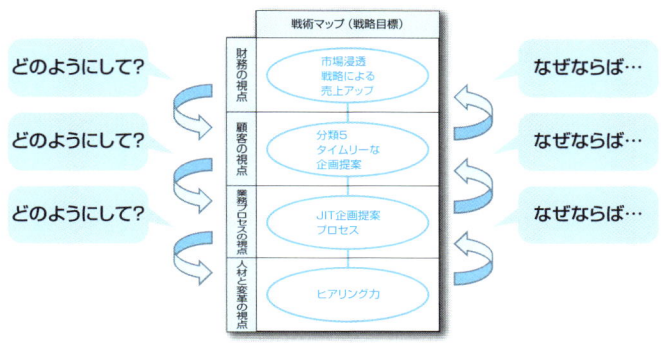

戦術マップ（戦略目標）

視点	目標
財務の視点	市場浸透戦略による売上アップ
顧客の視点	分類5 タイムリーな企画提案
業務プロセスの視点	JIT企画提案プロセス
人材と変革の視点	ヒアリング力

どのようにして？ ／ なぜならば…

❖ 年度方針を、4つの視点の戦術マップに落とし込む。
このタテの因果関係が、戦略成功のための方程式となる。

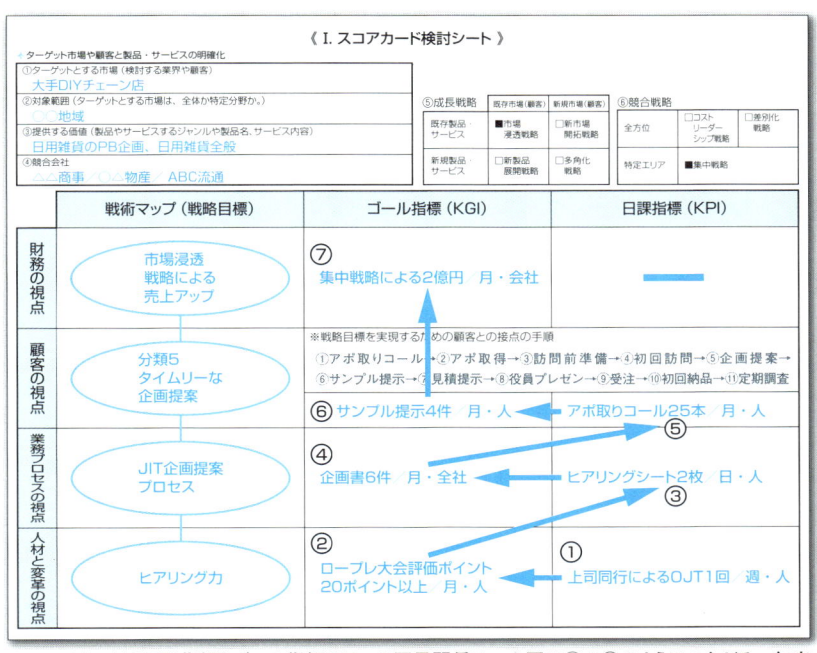

《 I. スコアカード検討シート 》

・ターゲット市場や顧客と製品・サービスの明確化
① ターゲットとする市場（検討する業界や顧客）
　大手DIYチェーン店
② 対象範囲（ターゲットとする市場は、全体か特定分野か。）
　地域
③ 提供する価値（製品やサービスするジャンルや製品名、サービス内容）
　日用雑貨のPB企画、日用雑貨全般
④ 競合会社
　○○商事　○○物産　ABC流通

⑤成長戦略

	既存市場（顧客）	新市場（顧客）
既存製品・サービス	■市場浸透戦略	□新市場開拓戦略
新規製品・サービス	□新製品展開戦略	□多角化戦略

⑥競合戦略

	コストリーダーシップ戦略	差別化戦略
全方位	□	□
特定エリア		■集中戦略

戦術マップ（戦略目標）	ゴール指標（KGI）	日課指標（KPI）
財務の視点：市場浸透戦略による売上アップ	⑦集中戦略による2億円　月・会社	―
顧客の視点：分類5 タイムリーな企画提案	※戦略目標を実現するための顧客との接点の手順 ①アポ取りコール→②アポ取得→③訪問前準備→④初回訪問→⑤企画提案→ ⑥サンプル提示→⑦見積提示→⑧役員プレゼン→⑨受注→⑩初回納品→⑪定期調査 ⑥サンプル提示4件　月・人	⑤アポ取りコール25本　月・人
業務プロセスの視点：JIT企画提案プロセス	④企画書6件　月・全社	③ヒアリングシート2枚　日・人
人材と変革の視点：ヒアリング力	②ロープレ大会評価ポイント20ポイント以上　月・人	①上司同行によるOJT1回　週・人

❖ スコアカードの日課指標とゴール指標のヨコの因果関係は、上図の①➡⑦のようにつながる。年度方針を戦術マップ（タテの因果関係）で表わし、その具体策を現場の活動レベルまで落とし込んだのがスコアカードだ。

PART 7　経営の「見える化」の作業にトライしよう

経営の「見える化」の作業用ワークシート

Ⅰ．スコアカード検討シート
Ⅱ．顧客ニーズ洗い出しシート
Ⅲ．顧客ニーズ分類シート
Ⅳ．顧客ニーズ優先順位づけシート
Ⅴ．業務プロセスの視点の戦略目標設定シート

次ページからのワークシートはダウンロードできます。

■ 読者特典ダウンロード対応

下記アドレスにアクセスしてください。

http://www.ni-consul.co.jp/mierukawork/

・ＩＤ：zukai（半角）
・PW：0811（半角）

※本サービスは予告なく変更または停止する場合がありますので、ご了承ください。

《 I. スコアカード検討シート 》

◆ターゲット市場や顧客と製品・サービスの明確化

①ターゲットとする市場（検討する業界や顧客）
②対象範囲（ターゲットとする市場は、全体か特定分野か。）
③提供する価値（製品やサービスするジャンルや製品名、サービス内容）
④競合会社

	戦術マップ（戦略目標）	ゴール指標（KGI）
財務の視点		
顧客の視点		※戦略目標を実現するための顧客との接点の手順
業務プロセスの視点		
人材と変革の視点		

⑤成長戦略

	既存市場(顧客)	新規市場(顧客)
既存製品・サービス	□市場浸透戦略	□新市場開拓戦略
新規製品・サービス	□新製品展開戦略	□多角化戦略

⑥競合戦略

全方位	□コストリーダーシップ戦略	□差別化戦略
特定エリア	□集中戦略	

	日課指標(KPI)

《 Ⅱ. 顧客ニーズ洗い出しシート 》

1 START してほしい。	2 してほしい。
5 してほしい。	6 してほしい。
9 してほしい。	10 してほしい。
13 してほしい。	14 してほしい。
17 してほしい。	18 してほしい。
21 してほしい。	22 してほしい。
25 してほしい。	25 してほしい。

3		4	
	してほしい。		してほしい。

7		8	
	してほしい。		してほしい。

11		12	
	してほしい。		してほしい。

15		16	
	してほしい。		してほしい。

19		20	GOAL
	してほしい。		してほしい。

23		24	
	してほしい。		してほしい。

27		28	
	してほしい。		してほしい。

《 Ⅲ. 顧客ニーズ分類シート 》

分類1 製品・サービスの品質・機能・性能について	1	2

分類2 価格に関することについて	1	2

分類3 顧客への対応力について	1	2

分類4 業務品質について	1	2

分類5 課題解決のための情報提供について	1	2

分類6 流通チャネル・立地などアクセスについて	1	2

分類7	1	2

分類8 その他	1	2

| 3 | 4 | 5 |

| 3 | 4 | 5 |

| 3 | 4 | 5 |

| 3 | 4 | 5 |

| 3 | 4 | 5 |

| 3 | 4 | 5 |

| 3 | 4 | 5 |

| 3 | 4 | 5 |

《 Ⅳ. 顧客ニーズ優先順位づけシート 》

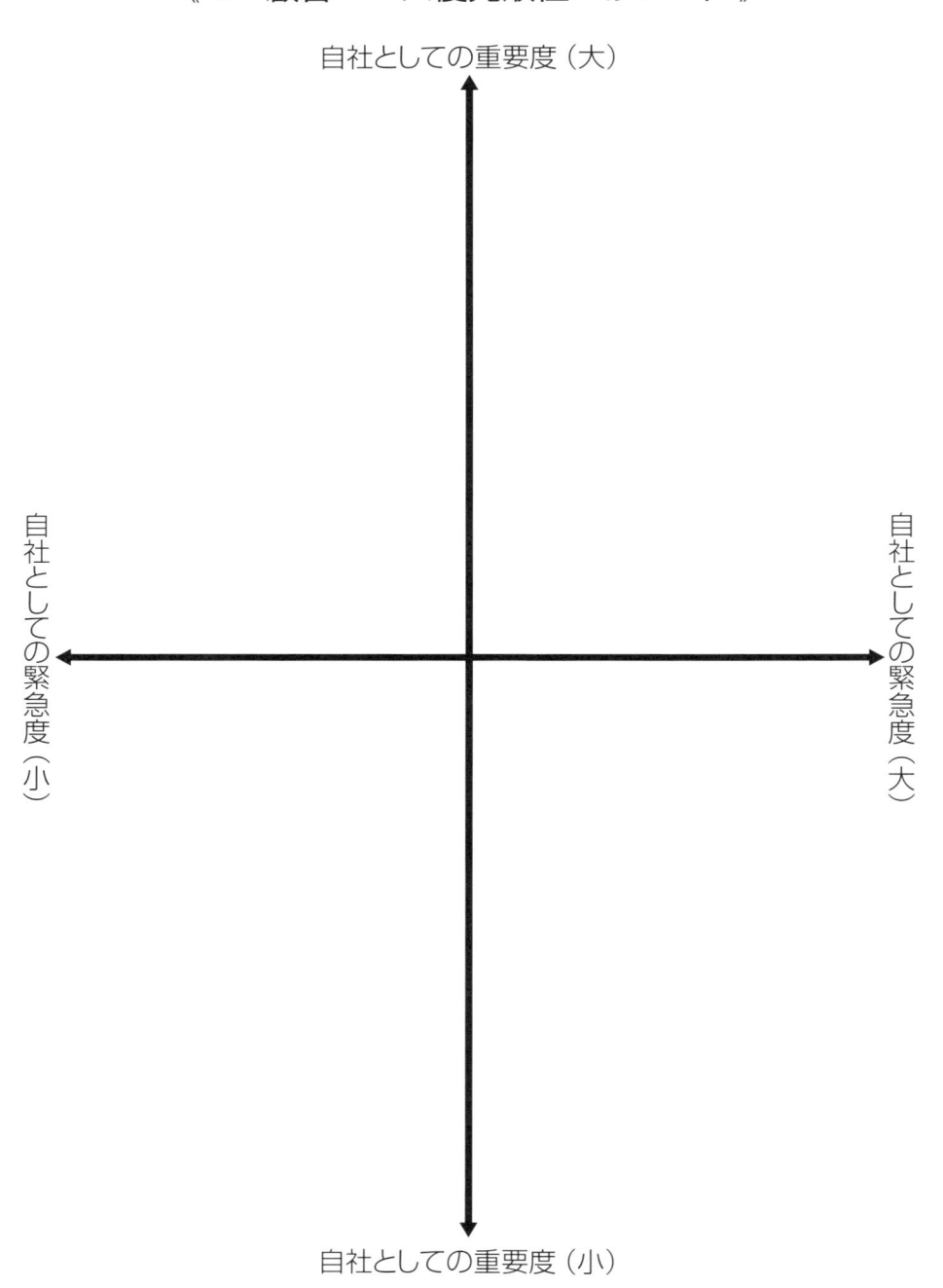

自社としての重要度（大）

自社としての緊急度（小） ←→ 自社としての緊急度（大）

自社としての重要度（小）

《 Ⅴ. 業務プロセスの視点の戦略目標設定シート 》

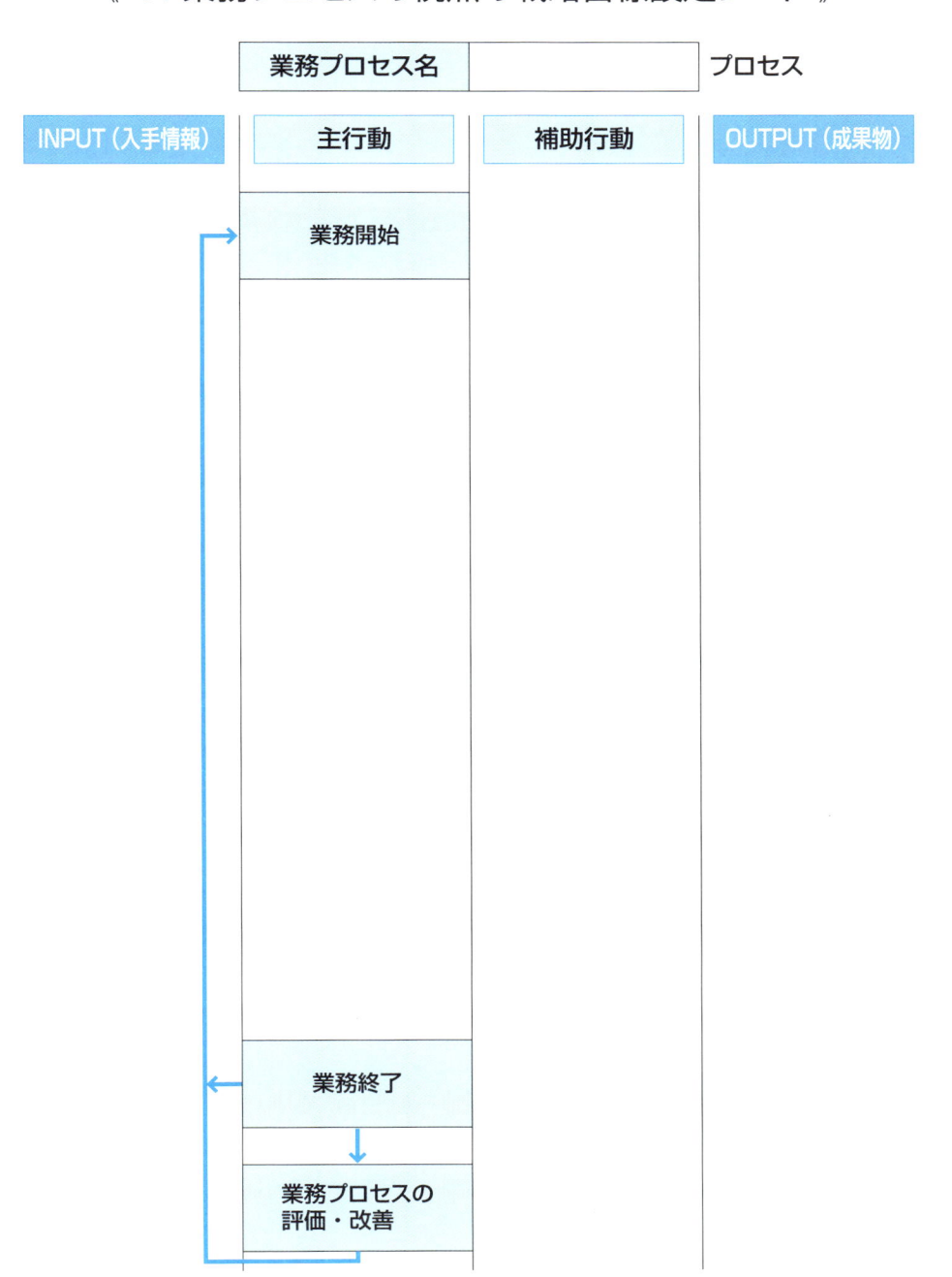

INPUT（入手情報）	主行動	補助行動	OUTPUT（成果物）
	業務プロセス名　　　　　　プロセス		
	業務開始		
	業務終了		
	業務プロセスの評価・改善		

おわりに

　これからますます少子・高齢化に拍車がかかり、国内市場が縮むことはあらがいようのない事実です。また海外では、とくに中国、インドを中心としたBRICs諸国の台頭が著しいなかで、「経済大国日本」が、「人口大国中国」にその座を奪われました。

　これからさらに発展する中国やインドをはじめとする海外市場に活路を見いだすにしても、単に日本のお家芸である"ものづくりを支える技術"だけが流出し、次は「技術大国日本」の座も奪われかねない状況です。残念ながら日本が、中国の下請け企業となるほど危機的な状況に置かれているのかもしれません。

　企業は環境適応業であり、市場環境に柔軟に対応していかねばなりません。厳しい市場環境を肌で感じている経営者は、異口同音に「変化すること」、「新たにチャレンジすること」を声高に宣言しています。しかし、現場で何を変えるのか。どのようにチャレンジするのか、という各論については悩みが多いようです。

　本書でくり返し述べてきたように、経営変革のための戦略は"仮説"となりました。仮説ゆえに、現場で実施して、実施した状況を検証して、思うような結果が得られなければ、その仮説をさらに修正する。その仮説―実施―検証の「見える化」の必要性は、本書をお読みいただき、ご理解いただけたと思います。

　企業経営では、宝くじのように運を天に任せて、仮説が当たればラッキー、ハズレれば再チャレンジというわけにはいきません。単なる思いつきを仮説にするわけにはいかないのです。それは、仮説でなく妄想です。仮説は、現場で収集した事実の積み上げ、顧客のニーズから生まれる論理的なものです。そのためのしくみとITシステムが"可視化経営"だと考えています。

　これまでお付き合いいただいた2500社を超えるクライアント企業様が経営改革に取り組んできましたが、その実践から得られた貴重なアドバイスのおかげで、本書をまとめることができました。お礼を申し上げます。

　また6年前にNIコンサルティングに転じてからは、自社を経営の「見える化」の実践の場として試行錯誤しながら取り組んできたことも本書に反映させました。一貫してこのような環境を与えてくれた当社代表の長尾一洋氏、IT日報システムや経営コクピットツールを開発してくれた創発部のみなさん、今回の書籍の画面ショットを作成してくれた加川智子さん、そして経営の「見える化」の考えを理解し共鳴してコンサルティング活動を実践しているコンサルティング本部の諸氏に心から感謝いたします。

　そして、前著の『すべての「見える化」実現ワークブック～可視化経営システムづくり

のノウハウ』に続いて、企画や編集段階で、実務教育出版編集部の島田哲司氏から多くのアドバイスをいただき感謝しています。

　今年咲いた桜の花が、放っておいても来年も開花する保証はありません。翌年も今年以上の花が咲くためには、実が成り、葉が茂り、年輪を重ね、冬を越す——そうした四季を通じての成長サイクルが必要です。そのためには、花を散らせ、新葉が生い茂るためのスペースを空ける準備が必要なのです。
　同じように、会社が一年経って名実ともに一回り大きく成長するためには、これまで咲いている花にしがみつくことなく、新たな取り組みを行うための準備をする必要があります。
　本書が、そのためのヒントになれば、この上ない幸せです。

　　　　　　　　　　　　　　　　　　　　　　　　　　本道　純一

参考文献

- 『キャプランとノートンの戦略バランスト・スコアカード』
  ロバート・S・キャプラン、デビット・P・ノートン著/東洋経済新報社刊

- 『バランスト・スコアカードによる戦略実行のプレミアム～競争優位のための戦略と業務活動とのリンケージ』
  ロバート・S・キャプラン、デビット・P・ノートン著/東洋経済新報社

- 『ドラッカー名著集2 現代の経営［上］［下］』
  P.F.ドラッカー著/ダイヤモンド社刊

- 『リーダーシップ論～いま何をすべきか』
  ジョン・P・コッター著/ダイヤモンド社刊

- 『仕事の見える化』
  長尾一洋著/中経出版刊

- 『可視化経営～戦略のコクピットを機能強化せよ』
  長尾一洋、本道純一著/中央経済社刊

- 『すべての「見える化」で会社は変わる～可視化経営システムづくりのステップ』
  長尾一洋著/実務教育出版刊

- 『すべての「見える化」実現ワークブック～可視化経営システムづくりのノウハウ』
  本道純一著/実務教育出版刊

著者プロフィール

本道純一（ほんどう　じゅんいち）

株式会社NIコンサルティング　専務取締役
中小企業診断士、ITコーディネータ
東京理科大学理学部卒業。住宅販売、家電販社、大手メーカー系ソフトウェア会社で営業の第一線を20年経験。その経験を生かして、1997年からSFAパッケージの企画・開発・販売の責任者として従事しながら、特に中堅・中小企業に対してバランス・スコアカードを活用した経営革新・戦略策定、人材育成・増力化、営業革新などのコンサルティングを実践。
2005年からNIコンサルティングに転じ、可視化経営コンサルティングを実践している。可視化経営を具現化するVMS (Visibility Management System：可視化経営システム) の中核であるSFAパッケージ「顧客創造日報シリーズ」の導入企業数は、すでに2500社を超える。

【著書】
『すべての「見える化」実現ワークブック～可視化経営システムづくりのノウハウ』（実務教育出版）
『可視化経営～経営のコクピットを機能強化せよ』（中央経済社　共著）
『営業支援・顧客維持システム～知恵で売るナレッジマネジメント』（中央経済社　共著）

【連絡先】
株式会社NIコンサルティング
本社　東京都港区港南1-8-27
TEL　0120-019-316
URL　http://www.ni-consul.co.jp/

図解ビジュアル　経営の「見える化」

2011年 3月25日　初版第1刷発行

著　者　本道　純一
発行者　池澤徹也
発行所　株式会社　実務教育出版
　　　　東京都新宿区大京町 25 番地 〒163-8671
　　　　☎ (03) 3355-1951 (販売)
　　　　　 (03) 3355-1812 (編集)
　　　　振替：00160-0-78270
DTP　　株式会社 ADSTRIVE
印刷　　株式会社 日本制作センター
製本　　ブックアート

検印省略 © Junichi Hondo 2011 Printed in Japan
ISBN 978-4-7889-0790-4 C2034
乱丁・落丁本は本社にてお取り替えいたします。

好評発売中

すべての「見える化」で会社は変わる
長尾一洋著
戦略レベルから現場活動レベルまで、さまざまな情報の「ビジュアル化」「オープン化」「共有化」を進め、社員の意識や経営体質を変革していく具体的方法論を提示。

[ISBN978-4-0753-9]

すべての「見える化」実現ワークブック
本道純一著
可視化経営プロジェクトのスタートから経営コクピットの完成まで、いま注目される経営革新手法を具体的に解説した実践ノウハウ本。ダウンロードもできる35種のワークシート付き。

[ISBN978-4-0771-3]

IT日報で営業チームを強くする
長尾一洋著
たかが日報、されど日報。IT化された営業日報には会社を変えるパワーがある！ 営業力の強化、人材育成に直結したツールとして活用するための実戦ノウハウを詳解。

[ISBN978-4-0730-0]

しっかり取り組む「内部統制」
戸村智憲著
「健全に儲け続けるためのしくみ」である内部統制の本質をわかりやすく解説し、どのようなステップで取り組んだらよいのかを、「企業健全化プログラム」として詳細に紹介。

[ISBN978-4-0785-0]

お客さまの"生の声"を聞く インタビュー調査のすすめ方
福井遥子著
購買者や利用者の"生の声"は、仕事に役立つ情報を収集できる宝の山だ。インタビュー企画の立て方、上手に話を聞き出す手法、発言情報の分析法などをわかりやすく紹介。

[ISBN978-4-0782-9]